哲學很有事

哲學開外掛，
認識哲學家的新角度！

中世紀到文藝復興

Cibala——著

三民書局

國家圖書館出版品預行編目資料

哲學很有事：中世紀到文藝復興 / Cibala著.——初版
一刷.——臺北市: 三民, 2019
面; 公分.——(Think)

ISBN 978-957-14-6462-6 (平裝)

1. 宗教哲學 2. 通俗作品

210.11 107013086

© 哲學很有事：中世紀到文藝復興

著作人	Cibala
責任編輯	連玉佳
美術設計	林易儒
發行人	劉振強
發行所	三民書局股份有限公司
	地址 臺北市復興北路386號
	電話 (02)25006600
	郵撥帳號 0009998-5
門市部	(復北店) 臺北市復興北路386號
	(重南店) 臺北市重慶南路一段61號
出版日期	初版一刷 2019年1月
編號	S 100360

行政院新聞局登記證局版臺業字第〇二〇〇號

ISBN 978-957-14-6462-6 (平裝)

http://www.sanmin.com.tw 三民網路書店

《哲學很有事》推薦序

國立臺灣大學哲學系教授
苑舉正

從專業的哲學角度來講，《哲學很有事》這兩本書所包含的內容，並不算是我們經常看到的哲學教科書，更不要說是我們一般所認知的哲學史。然而，對於我這麼一個哲學專業工作者而言，《哲學很有事》這本易懂，甚至有趣的「虛擬哲學史」，卻展現出我們現今閱讀哲學的三個困境：

首先，我們經常在閱讀長篇大論以及論證細膩的哲學書籍時，不論是原文書還是翻譯本，書中的內容往往極為複雜，讓絕大多數的人，甚至包含哲學系的專科學生，往往不是自認缺乏領悟力，或是實在缺乏忍耐力，以致於讀到一半，經常放棄，不能夠了解西洋哲學裡的主要內容。

其次，在時間長達二千多年，資料無比浩瀚的西洋哲學史中，一般人讀起來，總是覺得千頭萬緒，不知道重點在哪裡。雖然如此，但是所有人心裡卻很明白，西洋哲學史的內容，都是人類文明發展的精華。這是許多人對於哲學感到興致盎然，卻又充滿挫折感的主要原因。

最後，這也可能是最重要的，也就是當我們閱讀每一位哲學家的時候，我們都希望哲學家們不是高高在上的聖人，而是活在我們身邊的普通人。最好在閱讀的過程中，可以感受到，哲學家的理念有其發展的背景，而他們的經歷也是很接地氣的。沒有這一層的理解，我們無法掌握哲學家的理念與我們日常生活有什麼關係？

事實上，對於專業哲學家而言，這三點其實都不是什麼真正的問題，因為哲學本來就很難，應該下功夫好好閱讀，仔細了解哲學史發展的脈絡。但是，這個說法卻忽略掉了一個重點，就是哲學太重要了，加上能夠有足夠精力，細細品味哲學的人太少了。這兩樣因素加起來，導致社會上普遍對於哲學的重視不足，而整個社會也失去，透過哲學思考而提升的機會。

為什麼哲學這麼重要，可以帶動整個社會風氣的發展呢？最主要的原因就是，科學文明的發展。科學文明是現代社會中最重要的特徵，而它的發展來自於西方歷史，尤其在西洋哲學史中，把科學的發展，不但詳實地記錄下來，還透過哲學理念不斷地向上提升，將宗教的理性，轉換成科學的文明，徹底改變了世界。這個文明使得西方世界成為世界的核心，而我們每一個人都有義務了解這個轉變的過程。

《哲學很有事》以流暢的筆法，扼要的選題，並以饒富戲劇性方式，刻畫出人類文明發展的首要重點：我們如何從宗教理性，轉向科學文明，最終是政治權利的誕生。雖然讀者可以很明顯地看得出來，作者寫作的目的，不是從學術的觀點為國人提供內容，而是從理解哲學理念的背景出發。就這一點而言，我認為《哲學很有事》達到了這個目的。

我要強調，正如同本書作者所宣稱，書中人物都是哲學史中所揀選出來的，但這些人物以及理念的介紹中，你會發現它們的真實性遠不如戲劇性，而它們的教育性大過於論理性。最重要的是，本書讓你感覺到哲學也能夠以平易近人的方式呈現出來。

我向所有想要理解哲學，卻又經常面對艱澀思想而裹足不前的國人，鄭重推薦本書。

哲學很有事　不妨試一試

臺北市立民生國小社會人文資優班教師
鄭綺瑩

如果你以為我對哲學很有研究，那我要告訴你：完全沒有！《哲學很有事》這本書，應該是我正式接觸到哲學閱讀的第一本書。

我一直以為哲學就是帶著孩子討論一些道德兩難，或是一些沒有標準答案的問題。初看《哲學很有事》這本書的目錄時，心裡更是不斷嘀咕：這本書都在講《聖經》的故事，跟哲學有什麼關係啊！不過，作者在章節細部的介紹中的一段話完全解除我心中的疑惑，作者明確的說道：「要了解西方的思想只講『邏輯』或『科學』是不夠的。西方式世界觀受宗教影響很大，只是接收者往往不自覺。」也因此，我跟著一個個的小故事，展開了我的哲學初體驗。

在本書中，作者利用故事情節的鋪陳、人物的對話，不著痕跡的帶領讀者進行思考，例如在〈大航海的歸來者〉這則故事中，跟著哥倫布發現新大陸的水手敘述他們所見到的新鮮事，同時也自豪的表示：征服「野蠻人」是一種好的欲望，是對整個世界的貢獻，因為征服者將所謂的文明帶給這些未開化的野蠻民族，讓他們得以進步。另一酒客卻表示，被征服的地區、被奴役的人、被侵占土地的人又是怎麼想呢？被視為未開化的文明，難道沒有我們應該學習的地方嗎？這兩個角色各自從不同的角度提出對於文化征服的看法，值得我們深入思考。雖然這是一個杜撰的故事，但仔細想想，在現實生活中我們不也一直潛藏著征服別人的欲望嗎？當我們以心中的主流思想去影響別人時，我們自以為正義、覺得是在幫助別人，但卻不曾從被征服者的角度來思考他們是否樂於接受。

每個故事後面的「Cibala 老師碎碎念」更是本書的貼心設計，作者詳細說明故事的歷史背景與出處，讓讀者不僅閱讀到故事內容，連帶的也一起了解歐洲中世紀到文藝復興時期的歷史發展。

最後，每篇故事的「哲學很有事，你也來試試」單元，讓身為教師的我讚不絕口！作者設計的問題扣合 PIRLS 提問的四個層次，從提取訊息、推論訊息、詮釋整合到比較評估，由淺到深、循序漸進的引導讀者深入理解故事內容。不但適合孩子獨自閱讀，對於教師帶領班級討論時更是一大幫助！當然，也適合想要接觸哲學的一般社會大眾，作為哲學閱讀的第一本入門書籍。

導言

《哲學很有事》是我二〇一五—二〇一八在各兒童哲學課使用的教材，介紹中世紀到文藝復興的哲學思想。整本書由十六篇三千字左右的小故事構成，每篇故事都以某個哲學家（或文化體）為主角，融入部分歷史，透過對話展現出哲學家的想法與理據。故事本身是虛構的，哲學家的思想卻有典可據。除了作為青少年閱讀教材之外，這本書也可以當作哲學入門的參考。

然而，在進入本書正式內容前，不免有人抱怨，「哲學」二字聽來既陌生又困難呀！對哲學陌生的讀者可能不在少數，熟悉的讀者也在猜測我會怎麼切入，以下就是筆者對此系列書的簡短介紹。

什麼是「哲學」？

哲學對一般人聽來或許陌生，其實並不難懂。哲學就是對思考中重要的抽象概念，提出不同觀點的學問。舉個例子，身處現代，大家一定都知道「科學」的重要，逃不開「科學」的影響，然而認真反省「科學到底是什麼？」就是個哲學主題。有些學派認為只有科學能幫我們擺脫錯誤與迷信，得到真確的見解；有些學派則認為科學只是為了控制自然發明的工具，本身並不特別真確。

大家或許也聽過「不自由，毋寧死」，然而「自由」到底是什麼，真有那麼重要嗎？又是另一個哲學主題。哲學關注如：「真理」、「知識」、「幸福」、「正義」、「美感」這些抽象的概念，離生活較遠，但其重要性並不因此而減。如果用房屋比喻你的思考，哲學像是整棟房屋的結構，房屋結構不像打蛋器或刀子有明確的功用，卻無時不影響居住者的生活品質。

也因為關注各種不同的觀點，哲學往往不傾向提供唯一的答案，而是將數種觀點分析陳列，對比不同的思考角度，批評其證據與合理性，思考其意義與價值，卻不強迫你一定要接受它。哲學研究思考的藝術與技術，如果想讓自己思考過程更合理與周全，增加思考的深度、靈活度與多元性，學習哲學是極富教育價值的。

本書教的是哪種哲學課？對什麼有益？

本書是哲學史課程，依歷史發展介紹哲學家與各種思想。國小五六年級以上的孩子就可以透過閱讀故事培養以下三種能力。

一、形成觀點的能力

二、自由思考的能力

三、抽象思考的能力

傳統教育喜歡談知識，不喜歡談觀點；喜歡給答案，不注意答案怎麼形成。學習中若缺乏形成觀點的過程，會讓學習缺乏趣味與效率。哲學教育與傳統教育相反，喜歡把知識當觀點，把答案當一種想法。這有助於平衡現有的知識模式，增加思考的靈活度與深度。

一般人或許認為隨意亂想就是自由，其實不然，因為我們往往被生活觀點框限，不容易鬆動思考的關節。舉個例子，大多數人認為文明進步當然是對人有益的，卻有些哲學家認為文明本身就是不好的，對人類幸福只有害處。有哲學家支持民主，也有人批評民主的弊端。透過哲學思考了解自己的觀點，了解不同的觀點，才能在思考上真正自由。

哲學喜歡討論抽象概念，能增強抽象思考，常是現代教育所缺乏的。現代教育追求精細分工，課本內容往往因執著精細而過於瑣碎，帶給學習者不少挫折。抽象能力幫助孩子在學習時有更清楚，更全面，也更深入的理解。這不但能增加學習的質，甚至能增加學習的趣味。

最後，因為本書需要邊閱讀邊思考，故事中對話需要仔細的對照與琢磨，才能跟得上相互詰辯的討論。閱讀過程也可以培養孩子邊讀邊想，耐心專心以及理性思考的習慣。

其實這些能力對所有年齡的人都有用，也就是一般所謂思考或思辨能力。哲學教育就是培養思考能力。

光讀別人的觀點，對自己的思考有用嗎？

不過說到這裡，有人不免懷疑，由於課程內容是了解哲學家的觀點，研讀別人的觀點真能有益於「自己」的思考，真能幫助「自己」形成觀點嗎？

哲學教育「教思考」，但「教思考」聽來有些矛盾，因為一個人不用教也能自己思考，而且如果他不主動思考，教也沒用。本書所謂「教思考」不是給答案、教動作甚或給出公式，而是試著「欣賞」。希望讀者能「欣賞一下」不同的思考觀點，當作未來建立自己思考的橋梁。這跟「欣賞」藝術作品一樣，創作者往往先驚嘆於他人作品的完美，再致力於自己的創作。

所以請各位先抱著欣賞的態度去理解。我希望本書的讀者能回顧一下人類思考的歷史，不用急著尋找這一課用在哪裡，那個理論可以反駁誰。培養思考不總是要勉強人提出新想法，或一定要批評社會，有時也可以欣賞前人思考的深度，擴張自己的視野。當面對新問題，豐富的視野會慢慢轉化為內在力量，更能被有效運用。

讀哲學會不會有什麼不好的影響呢？

不過因為本書試圖向年紀更輕的孩子介紹哲學，或許有人擔心哲學會不會帶給孩子壞的結果，比方說極端或反社會人格呢？

學任何東西都有可能被設想為好壞兩個極端。發揮一下想像力，我們可以想像學科學的孩子瘋狂偏執，學醫的孩子冷酷無情，學文學的孩子脆弱悲觀，學音樂的孩子恃才傲物，學體育的孩子腦袋空空。這些都是透過想像把學科汙名化的結果。

這些大多不是事實，而是流言與想像。擔心哲學帶來的極端或瘋狂，跟以上擔心一樣——缺乏事實根基，若真的有相似情況發生，常會發現這些往往是學習不夠深入的結果。剛學功夫的人愛與人爭鬥，剛接觸文學的人易多愁善感，但若受到老師正規有系統的引導，全面了解之後，這個狀況幾乎不會發生。與其讓孩子將來因偶然接觸到這些主題，受到不可知的影響，倒不如讓老師在設計好的環境中好好利用這些資源，來培養思考的能力。

後話

最後必須致歉的是，在浩瀚的經典論述中，我對任一哲學家的認識，遠不及該領域專家。我的師長、同輩與學弟妹們都能提供百倍的專業智慧，本書僅僅是入門簡介而已。

然而必須說明的是，哲學如果沒有論點的交互攻防，似乎就少了大半意義，因此我盡可能在故事中補強，有時我會加入自己的解釋或後人的見解，這並非百分之百的報導，我應承擔其責任。增加部分在故事後記中已盡量說明，但為了推廣哲學的趣味性，我認為這是必要的。

其實到目前為止，我解釋的大多是哲學對所有人的意義，而沒有「特別」點出兒童或青少年為什麼要學哲學，因為我視他們如成人。我覺得哲學思考是有趣的，有意義的，因此介紹給身邊的孩子作為禮物。我對兒童學哲學的看法就跟兒童學廚藝的看法一樣，不一定適合每個人，但接觸一下也不錯，前提是注意安全。以我的經驗，學哲學比學廚藝要安全多了。

我也不主張人人都應當念哲學，只認為能有機會接觸一點哲學思考，對個人來說是件正面的事。哲學思考能刺激各種不同角度的想法，訓練思想更深入與全面。希望本書能在哲學教育上拋磚引玉，透過哲學教育的推動來改善社會。

章節細部的介紹

基督教是主角

《哲學很有事》有個極為明確的主題：宗教，而且是「基督教」。歐洲自西羅馬帝國滅亡後進入以教會為中心的中世紀，基督教自然成為精神世界的主角。

不過本文所用的「基督教」一詞與常見用法有些不同。中文口語中的「基督教」有兩種用法，廣義而言指所有以耶穌基督為核心的宗教，包含天主教、東正教與新教，狹義而言只指十六世紀宗教改革後的「新教」。新教從天主教中獨立出來是宗教界的大事，也牽涉到了整個世界觀的轉變，也有專門故事討論。

首先說明，本文中「基督教」都指廣義的基督教，狹義的基督教筆者稱為「新教」。東正教在西洋哲學出場機會少，反倒是天主教與哲學有緊密的關聯，直至今日天主教士林哲學仍是哲學中的一門。所以本文中的「基督教」泛指天主教與新教，因歷史的關係天主教多些。基督教與哲學在過去兩千年間相互影響。基督教蘊生了一套哲學思想，而哲學也反過來影響基督教。

或許有人疑惑哲學為什麼會與宗教扯上關聯，前言提過哲學是研究不同「觀點」的學問。不可否認地，不管宗教教義或信徒思考中都有其「觀點」。這兩者中，我們特別注意信徒的思考，這是更多元有趣的。有人願為教會捨命，也有人希望教會能為他服務；有人強調理性對信仰的重要，也有人認為理性對信仰毫無意義。某些想法慢慢形成正統，有些想法被判違背教義。思想並非在真空中形成，連其歷史發展一起更能讓思考完整。

說基督教或基督徒有某種觀點，或許抽象，舉些例子。基督教認為世界由全知全能全善的上帝所創造，每個靈魂在上帝眼中等價並有其特別的計畫，信徒則應該要往普天下去傳教（福音）。並不是每個宗教或民族都有這想法。對猶太教或印度教來說，傳教是不必要的。對自然神論來說，上帝管到個人生命是不可思議的。初代基督教中的馬吉安主義就認為創造天地的上帝並非全善。了解不同的可能性才能真正理解到思想本身的獨特意義。

要了解西方的思想只講「邏輯」或「科學」是不夠的。西方式世界觀受宗教影響很大，只是接收者往往不自覺。舉個例子，我們常覺得找到終生伴侶，建立家庭直至白頭偕老是人生至福，但你很少會在東方古代作品找到這種幸福觀，卻很容易在新教式生活或文學中找到。這種帶著新教倫理的西方幸福觀已經成了強勢文化，被頌為普世價值，至今仍在各種影劇文化中不斷重現。

了解思想歷史的意義

歷史對人類而言像昨天的食物，昨天很重要，卻已經過去了，甚至有部分已經被我們排出體外了。也因此有人認為歷史根本不重要，因為我們已經不是過去的自己。但別忘了昨天吃的食物也有部分被身體吸收，成為現在身體的一部分。了解昨天吃什麼可以讓今天的營養均衡，甚而解開昨天中的毒。了解自己為什麼會這樣想，了解思想的歷史，你才能好好利用甚至突破它。

本書是「思考教育」的一環，筆者希望運用故事刺激人們思考，讓人們了解世界上存在著不同的「觀點」或「想法」，欣賞思考的藝術與技術。這種教育到底「有沒有用」呢？如果「有用」指的僅僅是一組操作流程，照流程操作就必定能得到些什麼的話，那麼思考教育大部分都「沒有用」。不過「這種有用」

只是某種觀點下的產物，我們也可以換一種更廣義的方式來理解它。

「有用」也可以指對學習者「有幫助」，幫學習者更容易遠離錯誤，更善於意識到自己的角度，更完整地思考，甚至覺得思考是「有趣」的事。這些都不只是操作，卻是思考教育努力的目標。筆者認為這些是有價值的，值得在教育中保存，即便在今日教育中，這些內容仍一點地位也沒有。不過，這正是筆者要繼續努力的地方。

內容簡介

本書共含十六篇故事，以第十篇為界，前九篇是基督教哲學的建立，後七篇則偏向於批評。故事從猶太教信仰開始，最後結束於自然科學知識的覺醒。

如果要分閱讀上的難度的話，打星號的是我認為比較困難的篇章。

*烏托邦

綁架馬丁・路德

囚犯布魯諾

*培根的晚宴

十六篇故事中總共提到四種宗教，四種以上批評宗教的論點，以及十二位思想家。故事正文在三千字左右，希望能減輕讀者的負擔。之後的問題提供了簡單的思考練習，不管是試著申論，或以口頭討論，都是很好的方式。另外，本書是有準備類似閱讀測驗的選擇題，有興趣的老師可以上網索取。

除了依照歷史順序外，老師當然也可以挑選自己喜歡的故事或主題做閱讀討論。這本書是為了提供哲學課程基本內容，而不是為了限制哲學的基本內容而設計，任何老師因時制宜的改動，我都認為是極好的。

這本書要感謝許多人。可一旦點名，我對自己的記性沒有信心，所以請原諒我不提個別名字一併感謝。我要感謝我的學生（不管成人還是孩子），你們是我最大的寫作動力，是這本書的靈魂；我要感謝我的師長（不管過去還是現在），你們是我最大的專業支援，是這本書的身體；我要感謝我的朋友（不管現實中或網路上），你們陪我走過漫長的寫作之路，是孕育這本書的子宮。而我只是剛好接生下這本書的人，如果這本書有任何一點值得稱讚的地方，這一定都是因為你們的緣故。

Contents 目 次

審問馬加比

除了我以外，你不可以有別的神。

《聖經・出埃及記》第 20 章第 3 節

西元前一六七年，耶路撒冷。

西元前十一世紀，猶太民族建國，百年後分裂成以色列與猶大兩個王國。西元前七二二年以色列被亞述人所滅，大量猶太人開始流亡。西元前五八六年，猶大亡於巴比倫人之手，許多猶太人被擄到巴比倫。猶太人失去了國土與政府，然而這個不屈的民族將所有的希望，傾注於信仰之上。

三百年過去了，巴比倫人、波斯人，然後希臘人成為他們的新統治者。西元前一六八年，亞歷山大帝國分出的塞流卡斯王朝皇帝安提卡四世，劫掠猶太聖殿，將聖殿主神改為宙斯，反抗者被貶為奴。猶太人終於忍無可忍，呼求上帝的公義，給不尊敬耶和華（猶太教的唯一真神）的人刻骨銘心的教訓。

劫掠聖殿事件隔年，耶路撒冷的一間地牢，兩名衛兵架來一名黑髮男子。男子約莫二十多歲，衣不蔽體，渾身是傷。但他帶著血的臉龐依舊不減傲氣，目光銳利如鋒，彷彿一頭不屈的雄獅，令人望而生畏。

「交給你了，一定要他交出一個名字。」衛兵一邊將男子綁在十字型木架上，一邊對刑求人阿特突爾道。

「請幫我轉告大人，沒問題。」阿特突爾對衛兵張嘴笑道，他口中所剩無幾的牙齒，讓他笑起來不像活人。阿特突爾吐了一口口水後道：「我可是專業的刑求人。」

「那就好，我們會在外等候。對了，晚餐後我們得上街巡邏，午夜前來取消息。」衛兵回道。兩人很快轉身離開，他們也討厭這裡的氣味。

專門拷問犯人的地牢裡瀰漫著各種體液的噁心氣味，牆上吊掛著利刃與刑具，這可能是世界上最接近地獄的房間，阿特突爾還把這裡取名叫「誠實皇宮」。阿特突爾是個矮小男人，瘸了條腿，臉上掛著縱橫的傷疤，也曾是被刑求者。不過他沒有「己所不欲勿施於人」的胸懷，反倒主動承攬這類工作。

「在我的誠實寶座上，你必須說實話。」阿特突爾被告知犯人名字叫「馬加比」，是個猶太人，被控的罪名是「意圖結黨叛亂」。

「猶太人。」阿特突爾吼道：「為什麼分配這種貨色給我！」

馬加比默然不語，他的表情堅毅，神情專注，像是與眼前的一切無關。

「先來點暖身運動好了。」阿特突爾自言自語道。他拿出一條細韌的皮鞭，開始猛力抽打倨傲的雄獅，數十鞭後，馬加比渾身是血，卻是一聲也不吭。阿特突爾道：「暖身完畢，來點正事。」他扔下鞭子，架好裝滿水的大桶。

「我聽說猶太人的氣比一般人長。」阿特突爾笑道。

他二話不說把馬加比的頭按進水裡，馬加比無法呼吸，久到感覺自己的胸腔開始進水，久到懷疑自己要去見真神了，但在關鍵時刻又被拉了回來。

「策畫者的名字呢？說！」

「跟你爸爸的名字一樣。」馬加比喘著氣回答。

「還嘴硬，說出來吧！我會讓你輕鬆點。」

「先告訴我你爸爸的名字吧！」

灌了幾次水沒用，阿特突爾拿起大木棍，專挑手指與小腿前側這些痛處毒打馬加比。不過即使被打得半死，甚至生不如死，馬加比依舊沒有屈服的樣子。

「我是幫人們說真話的人！我的血統是高貴的。」阿特突爾道。

「就憑這些？」馬加比看著水桶，用揶揄的語氣道。

「不刑求怎麼能保證你們說的是真的？」

「我聽說希臘人擅於思考。話語真假得靠聽話者自己思考來分辨，怎麼會由說話的人保證？」

「還嘴硬！」阿特突爾怒道。

憤怒的阿特突爾再度痛毆馬加比，不過他一邊打，一邊感受到對手精神力強大，馬加比已經被打得不成人形了，不但不求饒還能隨口說出一些挑釁的話。

「打完了嗎？」馬加比笑道，接著吐出一口鮮血。

阿特突爾第一次遇到這麼愛回話的犯人，他轉念一想，不如試著套套他，搞不好不用體力就能騙出訊息。

「猶太人！你們覺得自己是唯一真神的選民？」

「是的，我們是唯一真神的選民。」馬加比答道，速度與音調就像沒受傷的人。

「所以猶太人才這麼討人厭！每個地方都有不同的神明。我們希臘人拜宙斯，也拜其他的神。沒有祭司會說你不可以拜其他的神，他們只會說你拜這個神可以獲得什麼。」

馬加比道：「但我們的神很清楚地對我們說，除了我之外，你們不可以有其他的神。」

阿特突爾道：「那難道你們的神，就不需要其他民族來拜？」

馬加比回道：「當然不需要，我們是唯一真神的選民，獨一無二的真神選出獨一無二的我們。神只在乎選民，你們對祂而言毫無意義。只有這種堅定不移的關係，才稱得上『揀選』，只有這種堅定不移的關係，才配稱為『信仰』。你們東拜西拜的神明，只是為了自己圖方便的假神，就跟找妓女一樣……」

阿特突爾怒道：「你找死！」

憤怒的阿特突爾用燒紅的烙鐵折磨馬加比，空氣中瀰漫著金屬熱氣與皮膚焦味。馬加比痛苦的嘶叫聲，傳進了衛兵的耳中。

阿特突爾拿著烙鐵道：「你們的神若是在乎你們，為什麼猶太人會落在我們希臘人的手裡？」他邊烙邊道：「你說啊！你說啊！」

馬加比喊道：「那只是暫時的，決定猶太人命運的是神。猶太人所有的苦都只有一個原因，那就是信仰的不純淨。」

「你說什麼？信仰的不純淨？」

「是的，許多猶太人依舊拜假神，不遵守耶和華的律令。選民需要經過真火的淬煉，才配得上真神的揀選。」

阿特突爾怒道：「你只是在逃避問題，我問的是為什麼我們能夠得勝？」

馬加比笑道：「得勝？你們的得勝就跟你們的妓女一樣廉價，你到底要我說幾次？」

盛怒的阿特突爾再度痛打馬加比。要不是他長年做這不能死人的工作，他可能會殺死馬加比。馬加比不但視死如歸，精神韌性也遠超過對肉體痛苦的懼怕。

「到底是誰在幕後策畫的？」

馬加比滿臉是血，轉頭吐出兩顆牙齒，笑道：「問問你的父親吧！大人！」

「你當真不說？」阿特突爾拿起鐵鉗靠在馬加比臉頰上說道：「讓我來看看你還有幾顆牙？」

一般人這時多半會恐懼緊張，但馬加比反而張開大口道：「來看啊！我等你算。」他口中突然湧出大量鮮血，忍不住咳嗽，鮮血剛好濺了阿特突爾一頭一臉。

因為噴濺血液量驚人，阿特突爾考慮了一下，馬加比臉上毫無血色，身體正因各處出血不斷，走向毀滅。刑求人認為繼續流血有點危險，只好先回到文明式勸誘。

「好了，我敬佩你的勇氣。我們先停止野蠻的行為吧！」

「你是怕我繼續出血會死，交不了差吧！」馬加比不但不屈服，還很聰明。

「不，你錯了。我有希臘人的血統，願意文明地與人對話。我也有猶太人的朋友。你們那個經典，我也都知道，《土拉》跟『塔斯德』……」

「《塔木德》！」

「是的，我也真佩服你們，猶太人都要念那麼多書，遵守那麼多的規條，這實在是很難受的，不是嗎？」

「《塔木德》充滿神的教導與智慧的話語，對我們來說如糖似蜜，你們不會懂的。」

阿特突爾在對話過程中，也因對方挑釁，開始跟馬加比鬥起嘴來。

「你既然這麼虔誠，一定有做那個吧！」

馬加比回道：「不需要說『那個』，那就是『割禮』。割禮是猶太聖事，是真神跟亞伯拉罕訂的神聖契約。」

「所以你們的男嬰，出生就被剪成了怪物？」

「這神聖的儀式是將我們歸給耶和華的意思，只屬於猶太人，閣下想剪也沒得剪。」

「不不不，我想到就怕。有人說那個手術比死還可怕。」

「隨你說，猶太年輕人每個都聰明而且健康。也有人說西邊的希臘人，現在只能給羅馬人提鞋了。」

馬加比又再度惹怒了阿特突爾，不過他壓制住了怒氣，問道：「你們安息日會聚在一起，偷偷密謀些什麼？」

馬加比回道：「什麼也不做，那天是聖日，需要休息。」

「但一群人聚在一起，很難不讓人猜想在謀畫些什麼。」

「我們就算要謀畫些什麼，也不會用到安息日。」

「換個話題吧！我曾聽過『彌賽亞』之類的。那是什麼？」

「彌賽亞是救世主。」

「喔？救世主？」阿特突爾覺得是關鍵字了，問道：「救世主將帶領你們脫離現在這種被奴役狀態？」

「這個自然。」

「那你覺得這個名字跟以下哪個名字相關：卡山德、安息、利西馬科斯……」這些都是當時塞流卡斯的敵國。

「哈哈哈……」馬加比笑道：「全部有關。塞流卡斯可以跟所有國家宣戰，而不需因為害怕實力不夠，在耶路撒冷的地牢裡，硬要犯人說出一個名字。我就是叛亂者的首謀，我們要以神的名義推翻你們的暴政。」

馬加比說完這一段，衛兵帶著僕人來敲門，帶來了阿特突爾的晚餐。衛兵說他們要去巡邏了，阿特突爾則保證今晚一定會解決這件事。

「今天吃豬肉啊！」阿特突爾拿起一塊豬肉，邊晃邊道：「很久沒吃東西了吧？」

馬加比別過頭去，不能吃豬肉是猶太教禁令，許多人都知道。

「吃一塊？我請客？」阿特突爾笑道：「怎麼不說話了，原來這是你的弱點啊！」

對方繼續保持沉默。

「不多說了，你不吃我就把你的牙齒拔光。」

「你待會兒可不要後悔。」馬加比突然中氣十足地說出這句話，雖然他依然滿臉血跡。

「後悔豬肉嗎？我才沒那麼小氣……」

「後悔沒早點殺了我。」原本被反鎖的馬加比卻突然伸出強壯的雙手，如鐵箍般圈捲著阿特突爾的脖子。

「什麼時……？」阿特突爾想說話，但脖子被掐發不出聲音來。

「我手臂裡縫了一根開鎖針，早在來這邊不久後就脫身了，只是在等衛兵離開而已，懂嗎？」

阿特突爾依舊說不出話來，臉已越來越紅。

「我不斷跟你說話，就是為了拖延你殺我的時間。」馬加比故意大叫著：「請饒了我！大人。」他叫給門外的衛兵聽，衛兵腳步聲逐漸遠去。

阿特突爾的臉已經變成青紫色，失去了意識。

「算了！」馬加比把昏迷的刑求人扔在地上。一小時之後，他成功地離開了地牢。

兩年後，馬加比帶領猶太人起義，並在西元前一六四年成功收復第二聖殿，建立了哈斯摩尼王朝，直到羅馬帝國東來以前，這個以猶太祭司為君王的王朝，獨立了有百年之久。

Cibala 老師碎碎念

整個中世紀哲學幾乎都環繞在基督教這個主題之上，在進入中世紀的介紹討論前，我們先了解一下基督教誕生最重要的背景：猶太教。

本篇為虛構故事，故事主角是猶太英雄馬加比(Maccabees, ?—?)。馬加比曾在西元前一六五年帶領猶太人起義，在耶路撒冷附近進行游擊戰，在西元前一六四年十二月十四日收復第二聖殿，建立了長達一〇二年的哈斯摩尼王朝。猶太教的馬加比節就是紀念這位英雄的節日。

這篇故事主要是帶出猶太人在古代文化中的特點。他們不吃豬肉，必須守安息日，男子必須行割禮，這些是最外顯的標記。割禮是種特殊的外科手術，將陰莖上的包皮去除，有宗教意義也有健康的意義。

除此之外，他們必須熟讀《塔木德》，不將宗教外傳於其他民族。最重要的是，他們在流亡的過程中，將痛苦的生活與一神信仰，熔鑄成一種極為堅貞的宗教精神，認為只有堅定不移地崇拜獨一真神，完全接受神的安排而不是有求於神，才配被稱為「信仰」。這種宗教精神後來大大地影響了基督教與伊斯蘭教。

最後，因為第二次世界大戰的關係，猶太人已經在一九四八年在巴勒斯坦建國，名為「以色列」。相對於周圍所有的阿拉伯國家，以色列是唯一的猶太教國家。以色列自建國以來戰爭不斷，但該國也以強悍作風與先進軍武聞名，相對於數倍大國圍攻，仍能展現其強悍，當然這也使得該地成為整個世界的火藥庫。

哲學很有事，你也來試試

☆阿特突爾說不刑求怎麼保證你們說的是真的，馬加比如何回應這句話？

☆阿特突爾問馬加比難道你們的神不需要別人來拜時，馬加比怎麼回答？

☆根據故事中馬加比的回答，猶太人認為他們受苦主要的原因是什麼？

☆安息日對猶太人來說是什麼？

☆馬加比說他要以什麼名義推翻希臘人的暴政？

☆這個故事告訴我們猶太人是以何者為核心的民族？

☆當你對任何神明提出自己的要求時，你會覺得這樣是利用神明嗎？為什麼？

☆你認為判斷一個人說話的真假有沒有固定的方法？如果有，是什麼？如果沒有，為什麼？

使徒保羅

我又看見另有一位天使飛在空中，有永遠的福音要傳給住在地上的人，就是各國、各族、各方、各民。

《聖經・啟示錄》第 14 章第 6 節

西元六六年，羅馬監獄。

耶穌基督的使徒保羅被下在監裡，這是他第二次入獄，處境凶險。但保羅毫不畏懼，他每天祈禱，讚美上帝，繼續以書信勉勵門徒們，就好像已經知道了結局。

保羅是羅馬公民，這使他在訴訟上有較多的保障，探訪的限制也較寬鬆。今天，他的同工（基督教中的工作夥伴）路加來看他。

「我的弟兄（親密的同伴）路加，願你平安。」

「我的弟兄保羅，願你平安。」

保羅道：「你跟教會的人連繫上了嗎？」

路加道：「連繫上了。收到了一封回信，以及兩個弟兄回訊。」

保羅喜道：「來！快把各地的狀況說給我聽聽。」

路加拿出回信給保羅看，並向保羅轉述訊息。他們就各地教會的信仰狀況熱烈討論著，不像在牢裡。

保羅露出滿意的表情道：「這樣我就放心了。」

「保羅弟兄，你一點都不擔心現在的狀況嗎？」路加臉上卻有些憂心。

「現在的狀況？教會的狀況都很不錯啊！」

「是的，我的弟兄，你在傳福音（基督教稱傳教為傳福音）上是無可指責的。但我指的是你受審的事。」

「不用擔心，你只要堅固信心為我祈禱，我主必成就大事。」

路加嘆道：「其實我比起你更是蒙恩的外邦人（非猶太人），你自己本是猶太人，卻反被同胞陷害入獄。」

保羅臉上毫無懼色地道：「他們想如攻擊我主耶穌一樣陷害我。這是我的榮耀。」

「許多人對你的作法有意見。」路加吞吞吐吐道：「你知道為了救你的緣故，我不斷地接觸猶太人……」

保羅問道：「猶太人？你接觸了誰？撒都該人還是法利賽人（當時猶太教的兩個宗派）？」

「都有，你驚動的人可真不少，甚至連艾賽尼人跟奮銳黨人（當時另外兩個宗派）都來了，大家都非常關心你的事。」路加說這段話時，眼神有些閃爍。

保羅問道：「關心？這些人中有些是敵人，也有些是朋友。他們說了些什麼呢？」

「除了討論你的入獄，他們還提了一些有關我的事情。」路加回話的聲音越來越小。

「你的事？他們到底提了些什麼？直接說吧！我的弟兄。」

路加回道：「他們稱呼我為拿撒勒人的弟兄（耶穌是拿撒勒人），他們願意讓我進入猶太社群，我的子女也會是正式的猶太人，只要我答應他們提出的條件……」

保羅道：「條件？讓我猜猜，只要你停止與保羅一起向非猶太的外邦人傳福音，對嗎？」

路加道：「是的，但我並沒有答應他們。然而我並不覺得他們是邪惡的，我在他們當中祈禱也沒有不安的感覺，我覺得信仰差別不大。」

「我也不認為猶太人必定邪惡，我的弟兄，我也是猶太人。我們在各地傳道時也不避諱到猶太會堂，不是嗎？」

「是的，我的弟兄。他們對這一點沒有意見，可是對你不斷向非猶太外邦人傳道這一點，許多人不能接受。」

「不能接受什麼？耶穌吩咐我們往天下去傳福音給萬民。〈詩篇〉（《舊約聖經》的一篇）寫著上帝的名是應該被萬民稱頌的。耶和華不是創造天地萬物一切的主嗎？」

路加道：「是的，但祭司們強調猶太人是真神的選民。他們認為沒有必要把信仰傳給選民以外的人，是必要的。」

保羅正色道：「我的弟兄，關於這點，你不能動搖。上帝揀選亞伯拉罕（猶太人的祖先）不是因為血統或割禮（猶太人特殊的宗教禮儀，男子要將生殖器外一圈包皮割除），而是因為信心（基督教的概念，指信仰的忠誠）。是不是猶太人不是得救的標準，唯有對耶穌基督的信心能讓我們得救。」

路加回道：「可是他們說，對耶穌的信心也不代表一定要傳教給非猶太人，亞伯拉罕也是猶太人……」

保羅道：「是的。這是我們跟他們最大的差別，因為我們是被耶穌基督差遣去給萬民傳福音的。我曾是迫害基督的猶太人，卻蒙召去傳基督的福音，這福音要救一切相信的人。只在猶太人裡傳福音，等於只看血統，這不是信仰，只是家族關係經營。耶穌基督來是為了所有人，這才是信仰，這才是福音。」

這段說理，讓路加陷入了沉思。

保羅補充道：「對上帝的信心跟對耶穌基督的信心不能分開。我們向猶太人傳福音，傳的也是耶穌基督。避重就輕只強調揀選，卻無視恩典，這是許多猶太人常用來混淆視聽的手段，你一定要小心。」

「是的，我的弟兄，你說的極是。我的確動搖了，我不應該如此。」

「路加弟兄，你的行為與品格都是極好的。至於思考辯論的部分，我們可以一起討論。」

路加道：「好的，另一個問題是，法利賽人（猶太教的一派，不少法利賽人敵視耶穌基督）指責你傳的福音殘缺不全，因為少了『割禮』，而且他們認為你刻意不強調割禮，是為了討外邦人的歡心。」

保羅道：「你我都是傳道者。在傳道時若強調要受割禮，或許會讓人恐懼。但若說不受割禮，就能討人歡心，也太容易了一點。這還是猶太人傳統的偏見，猶太人認為守規矩才能得救，我們卻知道使我們得救的是耶穌基督。法利賽人看不見這點，卻反來強調福音殘缺不全，但其實不全的是他們自己。」

路加道：「所以行割禮是不對的？」

保羅道：「不是不對，而是無關。行割禮也好，不行也好，都需要福音，都需要信心。今天若有人因為自己行了割禮，便驕傲起來，開始指責弟兄，那我要說他不行割禮更好。但若有人因為別人行了割禮，就因此指責別人，那我要說他去行割禮也好。」

路加道：「你說的極是。」

保羅道：「我不認為猶太人是仇敵，為了向他們傳福音，我自己也願意守猶太人的規矩。但到了外邦人那兒，我就不再注重規矩了，因為外邦人沒有這些。福音並不缺什麼，若有人在福音外添加什麼，這是好的，因為已經得了福音。若有人在福音外缺少些什麼，也是好的，因為已經得了福音。」

「好的，這點我會注意。」路加點了一下頭，然後繼續道：「艾賽尼人（猶太教中的禁慾學派）也有不同意見，他們認為我們缺的不是割禮，而是更沉靜、更禁欲的生活，好讓我們更親近聖潔的上帝。這你怎麼看？」

保羅道：「禁慾這點不過是艾賽尼人自己的愛好罷了。在信徒的日常生活上，比起禁慾，更重要的是信徒的彼此相愛（強調信徒相愛是基督教明顯的特色）。耶穌要我們『愛鄰舍如同自己』，希臘人好思辨，法利賽人好律法，艾賽尼人好禁慾，接受福音的人，則是好彼此相愛。」

路加道：「而且是因為耶穌基督而來的聖愛。」

保羅道：「是的，你的補充極好。耶穌基督的聖愛不是停留在感覺，而是展現在純潔的道德上，表現為恆常的包容與忍耐，長存慈愛與盼望，面對生死關頭仍永不改變！」

路加道：「太好了！在前面這些問題上，我們的意見已經一致了，不過還有一件事。」

路加故意小聲叫著守衛，無人回應。他又站起來看了周圍一圈，審慎地檢查周圍是否有人。

路加小聲地說：「那就是奮銳黨的事！奮銳黨人打算在今年起事，反抗羅馬的統治。他們說裝備已經收集好了，就缺人手。」

保羅回道：「我們傳道的教會都在海外。」

路加道：「他要我們把人手集中在耶路撒冷，模仿馬加比突襲聖城，攻下聖城後，只要擋住一波攻擊，就盡可能談和。羅馬中央在乎的只是稅收，根本就不在乎地方誰當頭。」

「然後呢？」

「然後建立猶太人的王國。奮銳黨答應只要外邦人願意幫助建國起事，全部的外邦人都可以用政治力量歸化成猶太人。」

保羅搖頭道：「但我們傳的並不是歸化猶太人的福音。」

路加回道：「即便如此，他們也以弟兄姊妹的身分向我們求援。耶穌不是說有弟兄半夜來向你求援，怎可能拒絕，不幫他呢？無論如何，我們都不該站在羅馬帝國這邊。」

「但是，若是你的弟兄半夜來敲門，要你去殺害祭司，這樣你去嗎？」

「反抗羅馬的統治並不是殺害祭司。」

保羅正色道：「以下是很重要的原則，在接下來多年間，我們會持續遇到宗教與政治的紛爭。遇到這類紛爭時，有一個最基本的原則，就是當順服掌權者（順服政治權威）。」

路加道：「順服掌權者？」

保羅道：「是的，不要做政治上的抗爭。你們要提醒眾人，叫他們順服做官的、掌權的，遵從他的命令行事。不要反抗，總要和平，溫順謙讓。因為沒有權柄不是出於神的，凡掌權的都是神所命定的。」

路加道：「也包括羅馬帝國？」

保羅道：「當然包括羅馬帝國。不要去違抗現在掌權的，凡掌權所要求的，就給他，依規定納糧繳稅，對他們恭敬順從，不要反抗。神會慢慢改變人的心意。讓他們接受福音。」

路加陷入了沉思。

保羅繼續補充道：「這不是為了明哲保身，而是領受福音者所當行的。在未來的日子裡，我將因迫害殉道，許多信徒將被帝國迫害，眾人將鄙視基督徒，汙衊基督徒，陷他們於不義，即便他們是正直善良的。跟隨我主耶穌基督的道路，是受苦之路，對外人來說是可嘆的，對我們來說卻是可喜的。我們終將透過忍耐改變這世界。」

路加沉默了，他發現保羅說這話時，已經轉變為殉道者的神情了。路加雖然欽佩，卻一點也高興不起來。

隔年，保羅被處以斬首之刑。

同年，奮銳黨在耶路撒冷起義，一開始雖然成功，四年後被羅馬人破城而告失敗。第二聖殿再度被毀，猶太人被逐出耶路撒冷，開始新一波的流亡。基督徒則因為不參與而倖存，卻也從此與猶太教決裂。

然而此後兩百多年，基督徒依然在羅馬統治下被迫害著。要到西元四世紀，羅馬君士坦丁大帝的許可下，基督教才成為合法的宗教。

Cibala 老師碎碎念

本篇故事主角是《新約聖經》的作者保羅（Paul the Apostle, 3—67）〈新教譯為「保羅」，天主教譯為「聖保祿」〉。路加只是作為對話的角色，因此對路加的思想部分並沒有仔細考究。在歷史上，據說路加是在保羅最後一段被監禁的日子中，唯一去看他的人。

本書內保羅的言行多取於新教版的《新約聖經》。由於是故事體裁，我並沒有使用引文，而是以改寫方式呈現。故事中「因信稱義」部分參考〈羅馬書〉；割禮的討論部分參考〈加拉太書〉；信徒彼此相愛合一的生活參考〈以弗所書〉；面對掌權者的態度參考〈提多書〉與〈羅馬書〉；最後的受苦與忍耐取自於〈哥林多後書〉。

在前一篇故事我已經提過，基督教原生於猶太教。這篇故事從思想面向展現基督教與猶太教的不同，面對猶太教中法利賽人、艾賽尼人與奮銳黨人這三派，保羅都很清楚講述出基督教的特色。

其中，最有意思的是，保羅為了讓基督教成為普世宗教，而不只是猶太人的民族宗教，對宗教禮儀持開放的態度。不拘泥於形式，著眼於內心的真誠，這是基督教的精神中一個非常重要的因子，也成為後來歐美文化中重要的成分。

這些特色不管在今日的天主教或基督新教，甚至歐美文化中都還繼續存在著，而這也是保羅作為一個思想家，當之無愧的地方。

哲學很有事，你也來試試

- 依照保羅與路加一開始的對話，猶太人很反對基督徒哪一個點？
- 法利賽人如何批評保羅傳的福音？
- 保羅如何回覆法利賽人的批評？
- 艾賽尼人如何批評保羅傳的福音？
- 保羅認為在信徒日常的生活中，最重要的一件事情是什麼？
- 保羅認為不該參與奮銳黨起義的原因是什麼？
- 保羅認為基督徒不該抵抗政治，而應當順服，你覺得宗教團體應該如何面對政治呢？
- 保羅把猶太教從只注重選民的民族宗教，轉變成一個向所有人傳揚的普世宗教，你覺得這是好的嗎？為什麼？

殉道者猶斯丁

人固有一死，或重於太山，或輕於鴻毛，用之所趨異也。

司馬遷〈報任少卿書〉

西元一六五年，羅馬。

耶穌基督事件已經過去一百多年，使徒傳道使得基督教的種子，在地中海四周發芽，卻意外引來「羅馬」這位巨人的憤怒。羅馬帝國大肆迫害與屠殺基督徒，成千上萬無辜的基督徒被士兵殺死、活活燒死、餵食猛獸，骨灰甚至被拋進河裡，不得安葬。然而，基督徒們的信心，卻彷彿黑暗中的營火，越燒越烈。

希臘一位富商之子猶斯丁，在教室裡來回踱步，十分焦躁不安。猶斯丁是位改宗的基督徒，他自己出錢蓋了間學校，講授希臘哲學與基督教。坦白說，如果不是他政商關係良好，基督徒開班授徒，根本是不可能的。只是羅馬皇帝奧里略對基督徒的迫害越來越嚴厲，猶斯丁的現況已經非常危險。

教室門外突然異常安靜了一小陣子，猶斯丁正覺得不太對勁時，門突然「碰！」的一聲被人撞開，數位強壯的羅馬士兵瞬時湧入狹窄的教室。

看來像是隊長的士兵走向猶斯丁，對他說：「看來你是這間學校的主人了。有人舉報這裡有基督徒。我得先請問你的名字……」

隊長話都還沒講完，身後就傳來士兵的報告聲：「報告！這裡有凱樂記號。」士兵拿起書卷，書卷上有個十字型頂端P字狀的特殊記號。這是拉丁文基督徒的縮寫，也是當時表明信仰的記號。

隊長轉過身來，拍著猶斯丁的肩膀道：「對不起！基督徒先生，你的名字不再重要了。」他轉頭大喊道：「把他給我帶走！」

猶斯丁就這樣被帶走，然後被士兵強押進牢裡，跟他的基督徒同伴們「在一起」。

「對不起老師，牽連你入獄了。」一位基督徒道。

「不，千萬別這麼說。剛被捕時我很驚訝，不知道該怎麼反應，不過現在我已經清醒了。我們的一切遭遇都已經交付在我主的手裡了。」

「可是這裡是死牢，我們逃不出去了。」

「是的沒錯。我們接下來必須面對自己心中最深的恐懼了。但也是在這時候，信仰才顯出價值，我們知道自己死後會去哪裡，不是嗎？」猶斯丁以堅定的眼神看著大家，每個人都彷彿感受到那股力量。

猶斯丁又說了許多勉勵人的話。這個晚上，他們在牢獄裡一起祈禱唱詩歌，直到天亮。第二天早上，士兵來帶走他。因為身分的關係，他得接受法官的提問審訊。

「依照羅馬統治者的法律，我將審訊公民猶斯丁。」法官開場道。法官是個中年男子，身著華服，身材微胖，眼神中盡是貪婪與嚴厲，一般人若是遇見這樣的法官，肯定憂愁恐懼。不過猶斯丁神色自若，他已做好接受一切的準備。

法官一邊翻閱有關猶斯丁的紀錄，一邊道：「猶斯丁，你家世不錯嘛！怎麼會變成基督徒？」

猶斯丁面無懼色地回道：「能信仰主耶穌基督，知道自己生命的來去，乃是我一生至福。我在世界上的身家財富，無法與之相比。」

「什麼？講話這麼文謅謅的，我還是第一次見到能開班授課的基督徒。我以為基督徒都跟下水道的灰老鼠一般，整天嘰嘰喳喳。」法官講完這段話，跟一旁的士兵一起笑了起來，彷彿嘲笑基督徒是理所當然的。

猶斯丁回道：「那就是您的偏見了。我知道大部分基督徒都因為社會身分低下而被人嫌惡，我認為這是不應該的。」猶斯丁所言屬實。在基督教剛開始傳播的年代，信仰者的確以社會的中下階級，甚至是奴隸罪犯為多，這也造成了社會高層的偏見，認定這宗教有問題。

法官皺眉回道：「嫌惡是不應該的？我若不喜歡下水道的灰老鼠，又有什麼不應該的？難道還要我提理由嗎？」

猶斯丁回道：「不喜歡是一回事，但若套用在刑罰上，可是另一回事。刑罰本該依照事實與法律加以判定……」

法官猛力拍桌，打斷了猶斯丁的談話道：「你還敢說事實？難道你認為基督徒都是無罪的？我上週才捉到一個基督徒的小偷！罪證確鑿！」他用力揮了揮手，彷彿那罪證就在現場一般。

猶斯丁淡然回道：「我並不主張基督徒必定無罪，我主張的是基督徒應被公正公開地審問，確認罪刑之後方可定案，不應該只因為他們是基督徒，就斷定他們有罪。這點各位做到了嗎？」

法官怒道：「我想你還搞不清楚現在的狀況，基督徒就帝國現在的角度來說，明顯有罪。帝國是尊敬神明的國度，有人指控基督徒不拜任何廟宇中的神明，這是無神論者的行為。無神論者是有罪的。」

猶斯丁回道：「基督徒不拜任何手造的神明，不拜任何廟宇中的神明，只敬拜創天造地的唯一真神。這只是宗教信仰不同罷了！何來無神論之說？況且忠誠原本是種美德，國家需要忠誠的士兵，男人渴望忠貞的妻子，然而對神明卻是什麼神都拜，隨意改變信仰的不忠誠，難道不會觸怒神明嗎？神明不是更嚴厲更有智慧的存在嗎？」

猶斯丁說得慷慨激昂，法官一時接不上話，只好繼續讓他說。

「甚而有些特殊宗派視敵對宗派如水火，非但不拜，反加以攻擊詆毀，比起基督徒只是不崇拜，這樣的宗派如果不算無神論，基督教又為何算做無神論？」

說完這段話的猶斯丁，對在場者來說好像突然巨大了起來，法官原本應該是這場上最有見識與智慧的人，但現在顯得犯人才是。這會影響他判決的公信力，法官喚了個秘書過來，跟他交換一下意見。

法官清了清喉嚨，試著抓回主控權道：「就算不是無神論者，你們基督教徒常秘密集會，討論天國之類的事情，有人檢舉你們，說你們想推翻羅馬帝國，建立新的國家。」

猶斯丁回道：「天國？新的國家？」

法官道：「你們跟猶太人一樣，一天到晚想推翻羅馬統治，建立自己的國家。」

猶斯丁道：「這對基督徒來說意義完全不同，因為就算推翻一千個羅馬帝國，也建立不了天國。」

法官怒道：「什麼？你膽敢說出如此褻瀆的語言。」

「我只是在法官面前陳述事實而已。羅馬帝國是人建立的偉大國度，天國卻是屬神的永恆國度，並非由人所建立。天國是基督徒死後靈魂的歸宿。天國不是，也不需要是世間的國度。自使徒傳教以來，基督徒在對世間政權的態度上，一直奉行著順從掌權者的律令。我們從未謀畫建立任何政治的實體，前兩次猶太戰爭中，基督徒的立場不是很明確的嗎？」

猶斯丁所言屬實，在西元六六年與一三一年兩次猶太人的起義中，基督徒都採取了不參與的態度。這也造成了這兩個原為兄弟宗教的間隙。

法官再度攻擊道：「就算沒有謀反的意圖，也有人控訴你們違背善良風俗，褻瀆死者。有人聽見基督徒在儀式中吃人肉，喝人血。」

「吃人肉？喝人血？」猶斯丁在心裡發出了驚嘆號，怎會有如此荒謬的傳言，不過他冷靜思考後，發現這應該是誤解。

「關於這一點，我想是對聖餐禮儀的誤解。」

法官不耐道：「到底又哪裡誤解你們了？」

猶斯丁用溫和的語氣回道：「根據記載，耶穌基督在受難前，與門徒一起吃最後的晚餐，他拿起餅來，感謝上主，掰開遞給他們，說：『這是我的身體，為你們獻上的；你們應當如此行，為的是紀念我。』晚餐後，他也照樣拿起杯來，說：『這杯是用我的血所立的新約，為你們流的。』餅和杯都不是真的身體跟血，而只是紀念耶穌的死所立的儀式，在禮儀中體認耶穌的死，堅定信徒們的信心。跟褻瀆死者完全無關。」

猶斯丁又再次成功地為信仰辯護，全場的氣勢都倒向他身上。

法官道：「下一條罪名你很難解釋了。有人親耳聽見基督教徒練習使用咒語。有人說這是古代禁止的魔咒，能迷惑人心，你怎麼說？」

猶斯丁道：「咒語？我們只有祈禱，沒有咒語。」

法官道：「這是親身的證言，你可不能就這樣否認了事。」

猶斯丁道：「迷惑人心？如果是這樣，您指的可能是詩歌了。」

法官道：「詩歌？」

猶斯丁道：「是的。我們以吟唱詩歌來表達對上帝的崇敬、讚美與祈求。我們隨著內心感動唱出樂曲，這代表我們與上帝至深的交流。您想聽這樣的詩歌嗎？」

在場所有人都呆了數秒，猶斯丁沒等任何人開口，就開始吟唱起詩歌。或許是因為發自內心，他一張口，所有人都只能側耳傾聽，一下也動不了，所有人都因至深感動沉醉在歌聲中。然而對當時的一般人而言，這種對音樂的感動是很不尋常的。

猶斯丁唱完整首詩歌，對大家微笑。

一旁的士兵害怕地道：「他剛剛唱的不就是咒語嗎？」

「巫術！這一定是巫術的咒語！」法官大喊著：「把他們抓起來！把他們處死！趁著我還有理智的時候！把基督徒全部都處死！燒死他們！把他們的骨灰灑進河裡！」

西元一六五年，猶斯丁跟他的同伴們一起殉道。據說當初關他們的監牢，在他們死後還不斷傳來唱詩歌的聲音。

初代基督徒常因莫須有的罪名被處死。羅馬帝國對基督徒的迫害，在事件後的一百年中，都沒有停止。

Cibala
老師碎碎念

本篇故事的主角是猶斯丁(Justin Martyr, ?－165)，一位有著希臘思想背景的基督教徒，有名的護教士。他是當時基督徒中少見的知識分子，曾上書羅馬皇帝，希望能停止對基督徒的迫害，本文大致改編自上書的內容。猶斯丁希望基督徒能接受公平的審判，不要因身分的關係被入罪。他解釋聖餐的禮儀遭人誤會之處，並且辯清基督徒所謂「天國」的意義。不過他的努力並沒有感動當時的羅馬掌權者，最後他自己也死於迫害之中。

然而他的努力並沒有白費，後來的基督徒一方面感於其殉道精神，一方面慢慢吸收其中重要的思想元素，慢慢成長茁壯著，終於在近一百年後，基督教從被迫害的宗教成為羅馬的國教。

哲學很有事，你也來試試

☆任舉一個本文中提到羅馬帝國迫害基督教徒的原因。

☆猶斯丁如何回答基督徒「可能」是罪犯的問題？

☆猶斯丁如何回答基督教是無神論者的指控？

☆猶斯丁如何回答基督徒被控在密謀推翻羅馬帝國？

☆猶斯丁如何回答有人指控基督徒違背善良風俗？

☆當自己堅信的想法，受到別人的攻擊，甚至迫害的時候，你會選擇怎麼做？

☆為信仰而死，是很多聖人所選擇的路，但他們勢必也得告別自己的親友，你覺得這種選擇合理嗎？

☆個人對某些團體難免抱有一些刻板印象（例如哲學系喜歡耍嘴皮子之類的）。用刻板印象去判斷某些不太熟的個人，你覺得這種想法合理嗎？

☆不同的國家、宗教、文化甚至時代，可能會判定另一種宗教或文化中的合理作為是不對甚至邪惡的，請你舉出一個你聽過的例子。

尼西亞會議

辯才是人類最光輝的美德。

古羅馬哲學家　馬庫斯・圖利烏斯・西塞羅

西元三二五年，小亞細亞的尼西亞城。

亞歷山卓主教亞歷山大一世再次調整聖袍領口，深吸一口氣後走上主席臺。今天他是尼西亞會議的主席，這是基督教史上第一次聖職人員大會，三百位左右的主教前來參加。人數雖不如預想的多，卻史無前例。

基督教信徒的數量在過去兩世紀中飛快成長，儘管受各方迫害，但基督徒的信心與德行克服了一切。羅馬帝國境內仍有許多其他宗教，但基督教已經不再是猶太教支派，越來越多不同地區的人們加入了這神聖的行列。

然而尼西亞會議的召開，除了有眾多基督徒為基礎之外，羅馬皇帝君士坦丁是個關鍵人物，今天整場會議是由皇帝出資贊助，並按著古羅馬元老院形式進行。

在主教優比西烏以頌詞與禱告開場後，亞歷山大一世開始主持會議。

「我們今天能在這裡聚集，自然要感謝天父上帝的慈愛與恩典，耶穌基督的保守與帶領，以及眾主教不辭勞苦的跋涉。我希望今天弟兄們能充分交流意見、深入思考與討論，彰顯聖神賜給我們的智慧，做教會合一的榜樣。」

眾主教紛紛鼓掌。

亞歷山大一世繼續道：「不過在會議開始以前，我必須介紹這次會議最關鍵的人物。這位大人雖然以客人的身分來觀禮，卻是籌畫、邀請並負責款待的主人：君士坦丁大帝。」

眾主教紛紛起立鼓掌。

君士坦丁有著標準羅馬英雄的外表：方頭大眼，鼻子高挺，寬闊的下巴。他身材高大，體格健壯，充滿男子氣概，展現完美羅馬軍人的形象。皇帝今天穿著金邊紫袍，遠望即十分出眾。他起身向全場主教行禮，主教們又再一次加大了掌聲，皇帝走上臺後，眾主教安靜不敢發聲。

皇帝首先向眾主教行禮問安，咬字清楚流暢。問安結束後，君士坦丁道：

「我今天是以一個基督徒，一個蒙恩罪人的身分來到這裡，謙卑地聆聽智慧的話語。」

眾主教鼓掌。

「每一次，當我被要求分享耶穌基督的救恩的時候，我都會想起米爾維安大橋的那天，主向我顯示的異象。」君士坦丁有種獨特的魅力，那是種你感覺他在演戲，又因為演得太好無法拆穿的魅力。

「在羅馬內戰的關鍵日，我面對命中宿敵馬克森提烏斯，在臺伯河兩旁隔著大橋布陣。雙方勢均力敵，旗鼓相當，沒有人知道戰鬥的結局。」君士坦丁揮動強健的手臂，全場目光都跟隨著手臂擺動。

「憂愁的我一抬頭，卻看見太陽的光暈中，清清楚楚浮出六個字：你必因此而勝。」

「哈利路亞！」

「讚美主！」

「耶和華以勒！」

眾主教們忍不住讚美起來。

「是的，在光芒中有個神秘的記號。主對我說：把這記號塗在盾牌上。」君士坦丁邊說邊舉起印著X與P字交疊記號的旗子，這是基督教初期使用的凱樂記號。

眾主教們再度讚美。

「我謹遵主命將記號塗在盾牌上，在主的祝福下衝破敵軍。馬克森提烏斯在逃走時溺死在臺伯河裡。」君士坦丁因過於得意大笑起來，不過他立刻收斂起笑聲。

「這不只是我軍的勝利，更是耶穌基督的勝利。我們今天在此集會，也是為了解決教會爭端，讓福音能更『統一』，喔，不是，是能更『合一』地推行，為主贏得更大的勝利！」君士坦丁差點失言，他立刻警醒，提醒自己注意。

聽見皇帝說出「統一」二字，阿利烏、亞他拿修與優比西烏三位主教突然醒了過來，他們對看了一眼，相視而笑。其他主教並沒有警覺到皇帝失言背後的心意。

「我懇請各位主教發揮智慧，為拯救更多靈魂而努力，這就是我最大的心願。」皇帝行退場禮後退至觀禮臺上，會議開始。

亞歷山大一世道：「今天主題是阿利烏主教與亞他拿修主教對基督與天父關係的辯論，我會請兩方作簡要的陳述與答辯，先請阿利烏主教開始。」

阿利烏年紀較長，留著白長的鬍鬚，面容和善。他緩步走上辯論臺，眼神釋放著熱情友善的光芒。

「我是主教阿利烏，我主張上帝是永恆獨一真神，除祂以外沒有任何其他物能存在。一切都是上帝造的，包含聖子耶穌基督。聖子耶穌是上帝首造的，在天地萬物之先就存在，天地萬物都是藉著祂造的。上帝造了聖子，聖子卻沒有造聖父。在使徒保羅的書信中記著：『然而只有一位神，那就是父，萬物都本於祂，我們也歸於祂。並有一位主，就是耶穌基督，萬物是本於祂有的，我們也是本於祂有的。』（《聖經》中〈哥林多前書〉8章6節）」

阿利烏頓了一下之後繼續說：「在福音書（《聖經》篇章，記錄耶穌基督言行）裡，我們也看見基督與聖父親密卻相對的關係。耶穌曾被魔鬼引到曠野受試探，卻不是天父到曠野受試探，神不可能被魔鬼試探。在十字架上的耶穌喊著：『神啊！為什麼離棄我？』神如何能離棄自己？甚至耶穌也說：『經上記著：因父是比我大的。』（〈約翰福音〉14章28節）這些都說明了聖子耶穌與天父聖神的不同。阿利烏本著福音書與聖徒書信立論，絕非私意。」

阿利烏言簡意賅，立論清楚，主教們多問了幾個問題，但都僅止於讓他解釋名詞而已。

「我們請主教亞他拿修開始陳述。」

亞他拿修年紀較輕，膚色黝黑，面容消瘦，意志力卓絕，如果阿利烏代表「柔」，那麼亞他拿修代表的就是「剛」。

亞他拿修道：「我的立論也很簡單，耶穌與天父原為一，而非二。我們向耶穌禱告，求耶穌赦罪，呼求耶穌的救贖，這些也是向獨一真神的禱告、呼求與赦罪。我們是被真神救贖，不是被次神救贖，天父外再無第二個神，也無次神。敬拜耶穌基督不可能跟敬拜獨一真神的信仰衝突。神能拯救，耶穌能拯救，耶穌是真神。」

亞他拿修用鋼鐵般的眼神掃視會場，最後與阿利烏對望，阿利烏報以溫柔的微笑。

亞他拿修繼續道：「我的論點也有聖徒書信作為旁證。『我與父原為一』（〈約翰福音〉10章30節），說明父與子原為一。『你們要去使萬民做我的使徒，奉父子聖靈的名給他受洗。』〈馬太福音〉28章19節）傳耶穌基督，卻奉著父子聖靈的命受洗。《舊約聖經》更是反覆強調，上帝是昔在、今在、永在的獨一真神，祂的拯救出於自己的定意與計畫，而非出於先造的次神。我主耶穌基督原與父為一體，也是昔在、今在、永在的唯一救主。父與子的關係絕非造與被造。」

亞他拿修的立論也十分清晰，其他主教也沒辦法提出真正具有威脅性的問題來。主席再度請阿利烏上場答辯。

阿利烏道：「亞他拿修主教的論點有些意思，也有些誤導。我從未懷疑過獨一真神信仰，只希望澄清信仰真貌。亞他拿修有些引文是斷章取義的，例如『我與父為一』這段，他沒有細談，因為這段談的只是耶穌與真神彼此的『合一』，而不是『同一』。若耶穌與天父為一，那耶穌在十字架上受苦與天父在十字架上受苦又有何區別？耶穌在十字架上是對自己禱告嗎？他自己離棄自己嗎？這種奇怪的問題顯而易見。此外，還有幾段重要的使徒書信……」

阿利烏又再度大量引用使徒書信，主教們紛紛低頭筆記。中間還有個插曲，旁觀的君士坦丁已經因要事而暫時離開。阿利烏的陳述告一段落後，主席再度請亞他拿修上臺回辯。

「謝謝主席。阿利烏主教指稱我斷章取義，我想把這個說法還給他，我引經說耶穌與天父『原為一』，他只談『為一』卻省去『原』這個字，這也是斷章取義。福音書中處處有這類證據。耶穌對腓利說：『腓利，我與你們同在這樣長久，你還不認識我嗎？人們看見了我，就是看見了父；你怎麼說將父顯給我們看呢？我在父裡面，父在我裡面，你不信嗎？我對你們所說的話，不是憑著自己說的，乃是住在我裡面的父做他自己的事。』（〈約翰福音〉14章9～10節）耶穌說看見他即是看見父，無怪使徒保羅說：『恩賜雖有分別，聖靈卻是一位；職事也有分別，主卻是一位；功用也有分別，上帝卻是一位。』（〈哥林多前書〉

12章4～6節）子與父非二是一，甚明。」

亞他拿修再次引起大家的筆記與討論。在這壁壘分明、僵持不下的討論中，優比西烏自告奮勇上了主席臺，參與了討論。

優比西烏道：「感謝天父賜下的智慧，在剛剛精彩的討論中，兩位主教的智慧都是受耶穌基督祝福的。我為兩位的敬虔與博學感動，同時又覺得天父與聖子是否為一的問題，很可能遠超過被造物的智慧，是我們終身無法理解的。我有個簡單的建議，與其爭論相同不相同的『同一』，鑄作新的語詞來代表天父與聖子間的關係會更好。這兩者既非同一，也不是不同一，而是『同體』(homoousia)。」

「同體？」阿利烏與亞他拿修都忍不住道。

優比西烏道：「是的。『同體』是個特別的語詞，專門用來代表聖父與聖子的關係，根源於一切的福音書，一切的使徒書信，以及主教的講道中。它既不是不同一，免得我們遠離敬拜獨一真神的誡命，也不是同一，因為這兩者仍能構成彼此的聖愛關係。使用新的語詞能避免爭論，綜合兩方說法，達至更整全的角度。」

第三種說法出現了，在場所有主教開始熱烈地討論起來。

「這主意太棒了！」君士坦丁突然再度現身，並且朗聲道。皇帝穿過走道，未經邀請就走上了發言臺，他一邊走一邊拍掌，最後整個會堂的士兵都開始拍起手來。主教們則反應不過來。

君士坦丁用雄渾的聲音道：「優比西烏說得太好了。我們需要一個新的語詞，來統一對立的想法。我提議以優比西烏的意見為底，簽署一份文件，核可這是正確的信仰。文件會以羅馬官方的支持發行，供大家做傳道的參考。」

聽到這裡，臺下所有的主教充滿了驚訝與憤怒，君士坦丁這段話根本是想直接通過他個人認定的說法，卻要請大家簽字贊成。不管是阿利烏、亞他拿修還是亞歷山大一世的臉上都帶著憤怒，優比西烏則是愕然。

皇帝加大聲量說：「我會處理後續事宜，各位不用擔心。另外，為了慰勞各位，我已經準備好了聖宴！士兵們！」

「在！」

在場士兵將金屬長矛頓地發出聲響，鎮住了交頭接耳的主教們。大家也意識到，皇帝身邊的士兵，正是他們不得不簽文件的原因。

「先請主教去聖宴吧！等宴會完再來簽文件。」

羅馬士兵們站成一排，只讓出一條通路，主教們知道自己不走不行了。主教有三百個，君士坦丁卻在附近布了三千名以上的羅馬精兵。

這就是基督教會第一次大公會議。阿利烏派在文件簽署時仍被視為異端，但正直的亞他拿修也得不到皇帝的賞識，君士坦丁自己最後歸入了阿利烏派。阿利烏派要一直到西元三八〇年的會議，討論聖靈的地位時，又再一次被驅為異端。

Cibala
老師碎碎念

本篇故事的主題是基督教第一次大公會議，會議主題是聖父與聖子之間的關係。在基督教神學內，這是神學的核心問題，不過本書的主題並非神學，我們只能從歷史外緣的角度簡單觀察。

基督教承接猶太教獨一真神與堅貞不渝的信仰精神，但同時又接收了耶穌基督的教誨以及使徒保羅的改造，成為以福音為中心的新宗教。聖父與聖子的關係問題，反映的是基督教中代表耶和華的《舊約》與以耶穌基督為中心的《新約》（當時還未成書）的調和問題。《舊約》強調獨一真神的信仰，而《新約》福音書中則有許多聖父與聖子互動的事件，這兩端構成了一個論戰場域，引發基督徒思考。

除了基督信仰之外，另一個貫穿整個故事的人物是君士坦丁大帝(Constantine the Great, 272—337)，這位中興當時羅馬帝國的皇帝是將基督教推上歷史舞臺的重要人物。對他來說，從各個不同的角度恢復統一的羅馬，想必是他畢生的志業。本故事中特別將尼西亞會議視為皇帝統一大業的一環。不過此為筆者個人意見，讀者可以自行思考。

最後，鑄作新的語詞到底能否解決哲學問題呢？嚴謹的使用語詞或許能避開某些混淆文義的問題，但是不是所有的問題都只是文義的問題呢？我想這也是值得思考的問題吧！

哲學很有事，你也來試試

✩根據故事描述，君士坦丁本人信仰基督教的主要原因是什麼？

✩簡述阿利烏的論點。

✩簡述亞他拿修的論點。

✩簡述優比西烏的論點。

✩根據故事，誰是尼西亞會議中的最大贏家？

✩君士坦丁舉辦這個會議，背後真正的目的到底是什麼？

✩在生活中免不了會遇到一些正反兩邊衝突，卻各有其道理的情形，在這種狀況中你覺得一定有一方是對的嗎？還是你覺得這種狀況中沒有對錯，只有偏好？

✩幫一個無法解釋的現象取一個新的名字，你覺得算不算解決這個問題？

✩當兩方堅持不下，最後以權力介入強制處理時，你能接受這種方式嗎？

上帝之城

上帝要擦去他們所有的眼淚，不再有死亡，也不再有哀慟、呼號、痛苦。從前的事已經過去了。

《聖經・啟示錄》第21章第4節

西元四三〇年，北非的希波。

蠻族汪達爾人的軍隊已經圍住了羅馬的希波城，希波城軍民陷入空前的恐懼與絕望。據傳蠻族只要攻陷城市，隨之而來的一定是無情地殺戮、搶劫、凌虐，不時傳出有人選擇在家中自盡。

希波主教奧古斯丁一身黑袍，腳踏草鞋，手執木杖，拖著七十五歲的身體，快步地走過街頭。要是在平常，他會放慢腳步，四處與民眾問安，聊聊時事，給予人們祝福。不過，被圍城的街頭十分冷清，無人有心談話。奧古斯丁走到議事樓前，僕人立刻領著他進房子裡去。

「奧古斯丁主教大人！」

「城主大人，收到消息，我盡快趕來了。」

希波城主是個年紀六十來歲的貴族，出身羅馬政治世家，一輩子在官場打混。若不是處於羅馬帝國衰落的時代，他的地位肯定比現在更高。城主今天穿著樸素，眉宇間有憂鬱的神色。

城主道：「城裡人心惶惶，只有您才是大家心靈上的支柱。」

奧古斯丁道：「城外的軍隊怎麼樣了？」

城主道：「繼續圍城，沒有退去的意思，但也沒有直接攻城的打算。」

奧古斯丁道：「那我們一定得堅守住。」

城主道：「這就是請您來的原因了，持久戰需要堅強的心靈。希望您能以智慧安撫軍人與市民代表的情緒，堅定大家的求生意志。」

奧古斯丁走進議事廳，廳中有兩人。俐落短髮的中年男子穿著皮甲，站立時腰背挺直，想必是軍人代表。市民代表一身工作服，褲腳還沾著麵粉，神情不安。城主說明會議的目的，希波城中軍民有些思想上的「問題」，想請教奧古斯丁。城主首先請軍人代表提問。

軍人代表朗聲道：「我們在軍人管理上遇到大問題。士兵們流傳著一種說法，羅馬擋不住被蠻族入侵，是因為信了基督教。帝國在沒有信基督教以前，國勢昌隆，戰無不勝，沒有征服不了的蠻族，現在卻反被蠻族圍困。有人說改回羅馬之前對希臘諸神信仰，如此才能戰勝。」

奧古斯丁道：「所以士兵因為帝國的衰微，要求改拜希臘諸神，對嗎？」

軍人代表道：「是的。而且士兵說不想再聽引用《聖經》經文的回答了，他們說引經文答覆只是敷衍。軍隊的神父受不了，請我來向您求教。」

奧古斯丁道：「好，我想問他們在建議改拜希臘諸神以前，是否想到過這些神明源自於希臘？」

軍人代表道：「這是什麼意思？」

奧古斯丁道：「希臘諸神自然源自於希臘，但希臘諸神應該先賜福保祐最初崇拜祂們的希臘人，不是嗎？可是希臘終究敵不過羅馬的軍隊，這不正是羅馬歷史的一部分嗎？」

軍人代表道：「是的。但或許希臘諸神改變了心意？」

奧古斯丁道：「我不知道諸神是否改變心意，我只知道人類的歷史事實。歷史上的文明就是有興有衰，羅馬帝國也從來不是無敵。帝國在許多戰爭中付出慘痛的代價，在第一次布匿克戰爭中，為了撐住與迦太基的戰事，國家社會的犧牲頗大。第二次布匿克戰爭中，政治勝利抵不過漢尼拔劫掠義大利的損失。角鬥士斯巴達克斯叛亂雖被弭平，但也犧牲了上萬羅馬士兵的生命。凱薩遠征高盧成功，但因高盧不斷叛亂，代價又是萬名士兵，更遑論緊接著凱薩與龐培的內戰，雙方死傷都是羅馬士兵。羅馬人崇尚名譽，對於所受損失隱忍不發，但這些代價的確存在。越了解羅馬歷史，越不得不承認衰敗早有遠因。」

奧古斯丁嫻熟地引用羅馬的歷史，顯露出深厚的學養。

軍人代表道：「若這些衰敗原因存在，羅馬應該是慢慢變弱，但羅馬為何會在一夕之間一落千丈？」

奧古斯丁道：「帝國的確是慢慢變弱，只是難以察覺，因為戰爭中即使是危險的勝利依然是勝利。當發生小型戰爭時，帝國能用大量資源掩飾自己的失敗。只有當大型戰爭出現時，帝國必需傾全力作戰，敗象才會顯露。時間拖得如此之長，不是因為羅馬帝國沒衰敗，而是蠻族花了非常長的時間才聚集起來，形成足以威脅帝國的勢力。」

奧古斯丁言之成理，軍人代表陷入了沉思。

奧古斯丁道：「早在信奉基督教以前，羅馬帝國就因為掌權者道德敗壞而不斷衰弱。五賢帝之後羅馬動盪不安，換皇帝的速度比蓋房子的速度還快，直到君士坦丁大帝才進入穩定狀態，然而，衰落終究不可逆。在這段人類的歷史中，希臘諸神從未對羅馬有任何貢獻，教堂卻曾在哥德人入侵時保護了躲藏的人民。現在轉信衰敗的宗教，只是病急亂投醫，根本沒有實質的意義。」

奧古斯丁說完這一段話後，軍人代表沒有新的問題了，換由市民代表發問。

市民代表道：「我們平民並無法左右國家局勢，對我們而言重點是怎麼過日子，但我們馬上就不會有好日子。為什麼上帝要讓虔誠善良的兒女們受苦？你知道……」市民代表舉了許多的例子，說明他認識的人有多敬虔，但現在狀況卻有多駭人。他的問題像一種抱怨，混合著疑問爆發出來。

奧古斯丁總結道：「所以你的問題是為什麼上帝要讓善良的信徒們受圍城之苦，卻讓邪惡異教的野蠻人得勝，對嗎？」

市民代表道：「是的，我的意思就是如此。」

奧古斯丁道：「這是個複雜的問題，我得稍稍修正一下。首先，除了《聖經》的約伯之外，上帝並沒有特別要讓善人或義人受苦，而只是『一視同仁』。《聖經》上記著：『上帝降雨給義人，也降雨給不義的人。』上帝使善人惡人同享世間的德福，這才是比較精確的說法，這點你同意嗎？」

市民代表道：「是的，善人明明比惡人更值得祝福，上帝使善人惡人同享世間的德福，又是為什麼呢？」

奧古斯丁道：「你的問題在於順序完全顛倒了。其實善人比惡人更值得祝福，就是因為善人惡人同享世間的德福。若『良善』讓人在世上免禍，良善就會變成求利，因若『作惡』讓人遭禍，作惡就會變成自殘。一個人若因為偷竊會橫死而不偷竊，因誠實能得獎賞而誠實，那這也稱不上真良善。若善惡都有現世的報償，那麼善惡就變成純粹的利害，因而不再是有道德意義的真善惡了。」

市民代表回道：「您的意思是，若做好事能讓人生活變好，人們就可能只是為了讓生活變好而去做好事，結果做好事變成了手段，而不是真良善。」

奧古斯丁道：「是的，上帝讓善人惡人同享世間德福，為的是讓我們看見善良美德真正的價值。而只有真正的善良美德，才是具有靈魂的我們所應竭力追求的。」

市民代表道：「但總覺得善人受苦讓人憤恨難平。」

奧古斯丁道：「表面上如此，但善人與惡人受的痛苦即使一樣，也因為心靈層次不同而具有不同的意義。不要只關心外在的、環境的、身體的苦與樂，要思考到內在的、靈魂的苦與樂。善人受的苦並不是真正的苦，惡人享樂也不是真樂。」

市民代表道：「也許我們都太害怕了。」

奧古斯丁道：「是的，這並不容易。謹記這個世界的好與壞都不是絕對的，有人因受苦成聖，有人因安樂而早夭。不要把眼光僅停留於現世，要看到超越現世的美德、真神與來世，這並不容易，但值得努力。」

奧古斯丁說完這一段話後，市民代表暫時沒有疑問了，最後由城主發問。

城主問道：「我的問題比較實際，在希波城內有些虔誠的基督徒，男性為了保全自己的信仰，女性為了保全自己的貞節，選擇自殺。為了這樣的理由自殺，是神許可的嗎？」

奧古斯丁道：「我的弟兄，這個問題是至關緊要的。我必須根據神賜給我的智慧明確回答。有許多人認為自殺是種不甘墮落的表現。然而，自殺卻是觸犯誡命的行為。人類的靈魂是上帝造的，也只有上帝安排能讓靈魂離世。殺死人的行為違背了不可殺人的誡命，自殺就是殺人。」

城主回道：「自殺就是殺人？」

奧古斯丁道：「是的，不可殺人是十誡之一，自殺就是殺人。」

城主問道：「但若自殺者擁有純潔的靈魂，純潔的人自殺也是犯罪嗎？」

奧古斯丁道：「純潔的人自殺是更嚴重的事，殺死一個純潔的人要比殺死一個凡人要來得更邪惡。基督徒在任何狀況下都不可以自殺。」

城主問道：「可是在某些逼不得已的情況下，比如說婦女無法反抗，蠻族卻會強搶她的貞節的狀況下，也不能自殺嗎？」

奧古斯丁道：「是的，因為這種兇暴的行為不會帶走心靈的貞節。只要她保持心靈的貞節，外在的罪行就與她無關。她在我主的眼中依然是貞節的。心靈不會受到別人的侮辱，而上帝看的是心靈，基督徒不可以以罪避罪過。」

城主問道：「但有人說殉道是聖徒的行為，聖徒是上帝喜悅的。」

奧古斯丁道：「聖徒的確是上帝喜悅的，但聖徒的行為不能普遍化，因為聖徒倚靠的並不只是行為，而是他與上帝的關係。亞伯拉罕曾將自己的兒子獻祭，這是美事，但難道每個人都應將自己的兒子獻祭嗎？聖徒帶給我們的典範是他與神的關係，我們要深入了解這一點，而不是複製行為本身。」

城主也沒有疑問了。最後，城主請奧古斯丁做一段勉勵。

奧古斯丁朗聲道：「我要勉勵各位。人類自古以來就有兩座城市，一座由上帝統治的上帝之城，另一座由魔鬼統治的世俗之城。分別兩者的不是空間、財產或物質，而是『心靈』。在任何地區、民族甚至團體中都有兩種人，屬神的人與屬世的人，甚至連教會也不例外。不要只從外在的，世界的角度來思考，要從心靈的，神聖的觀點才能真正理解整個世界。上帝之城是對屬神之人的獎賞，而世俗之城是屬世之人犯罪的明證。」

「復活有兩次，在人死後是靈魂的復活，而當最後審判之後，連肉體都會復活。當肉體也復活之後，上帝之城將充滿了永遠喜樂的屬神之人，世俗之城將充滿永遠受苦的屬世者。這就是歷史的結局，不要只看現在與今世，要看到整個世界最後的命運。」

奧古斯丁主教說完這段話，三位聽眾心中的疑惑與恐懼都已經消失。不過三天後奧古斯丁卻因病逝世，而希波城也在他死後被蠻族攻破。不過奧古斯丁建立的基督教神學，卻跨越了時間，成為人類精神永恆的寶藏。

Cibala
老師碎碎念

本篇主角是基督教的聖者奧古斯丁(Aurelius Augustinus, 354.11.13–430.8.28)，羅馬帝國晚期基督教的神學家與思想家，被天主教與東正教同封為聖人，對基督教思想影響甚鉅。

故事的場景安排突出了奧古斯丁「論戰」的性格。因為奧古斯丁的神學思想許多是出於他與人的論戰，在論戰中，他能展現出清楚的頭腦與豐富的學養，引經據典地答辯，因而成為眾信徒的心靈導師。

故事的內容改編自奧古斯丁的《上帝之城》(*De Civitate Dei*)一書，該書成於羅馬帝國將滅之時，對於一般信徒所提各類信仰的疑惑，均有詳細的論述。即便讀者不一定信仰基督教，但欣賞思想家在信仰上的哲思與睿智，觀摩論戰中的交互攻防，一樣有益於我們的思考。

哲學很有事，你也來試試

☆軍人代表所提的問題是什麼？

☆軍人代表問如果羅馬敗壞已久，為什麼局勢看起來像是一瞬間沒落的，奧古斯丁如何回答？

☆平民代表所提的問題是什麼？

☆奧古斯丁認為上帝讓好人與壞人同享福德，是因為什麼？

☆奧古斯丁如何回答基督徒能否自殺的問題？

☆奧古斯丁如何回答有些聖徒殉道卻被視為是榜樣的問題？

☆奧古斯丁認為分開上帝之城與世俗之城的是什麼？

☆世界的自然規律並不偏好人的善惡，好人壞人一樣會發生意外，善良不一定有好報。奧古斯丁認為這樣的世界是比較好的，因為它能讓智慧跟美德有意義，你認為呢？

☆有些人面對不可避免的痛苦或厄運時，會選擇主動結束自己的生命。你對這種選擇有什麼看法？

花拉子米的徒弟

真主並不禁止你們憐憫他們，公平待遇他們。真主是喜愛公平者的。

《古蘭經》第 60 章第 8 節

西元八二五年，阿拉伯帝國首都巴格達的智慧之家。

智慧之家是帝國首都的圖書館與研究中心，由阿拔斯王朝的哈里發（伊斯蘭帝國的政治與宗教領袖）哈倫拉西德創建，在現任哈理發馬蒙的支持下，集合各領域的學者，進行學術研究、翻譯經典與機械製作等活動。

經典翻譯是智慧之家最成功的工作。中心設立兩百年間，將畢達哥拉斯、柏拉圖、亞里斯多德、歐幾里德、阿耶波多等各種哲學家、數學家、科學家的著作翻譯成阿拉伯文，並分類保存，成為帝國無形的精神資產。

在原創性的研究上，中心當時最著名的學者，當屬波斯數學家、天文學家以及地理學家阿布·阿卜杜拉·穆罕默德·伊本·穆薩·花拉子米了。

花拉子米在大桌前振筆疾書，或許因為太常用腦，不到五十歲的他，頭髮就已經花白了。兩年前他才完成一本數學著作，緊接著又馬不停蹄地投入新的研究。據說當他專心工作時，連獅子吼都吵不動他。

工作大桌上，除了堆疊的紙張與書籍之外，還散著各種形狀的量尺，身後的架子堆滿不同樣式的星盤，不同尺寸的日晷、大小沙漏，還有一些不知名的怪器具。

他寫到一半，想換另一種筆做記號，但沒發現做記號的筆就夾在自己耳邊，在桌上遍尋不著，又轉身去架子上找，終於想起來後，他摸著自己的耳朵，然後笑了出來。

「原來遍找不到的東西常常在自己身上。」花拉子米笑著對自己說。

花拉子米正想回去繼續工作，有件事卻打斷了他。

一位衣著整齊，看起來身手幹練的中年男子來找花拉子米。他對花拉子米道：「大人，您上次要我幫忙找的人，已經找到了。」

花拉子米趕忙行禮回道：「侍衛官大人，辛苦您了，您尋人的效率真是驚人。」

「哈里發要我支援大人研究所需，我自當樂意完成。」現任哈里發十分支持智慧之家，派遣了精明的官員來協助處理事務。

「還是很感激您的幫忙。」

「您太客氣了！」侍衛官微微作揖後，向後面喊道：「帶人上來！」

兩名衛兵押著一個黑髮白皮膚的少年進房間，他的衣衫凌亂，雙手被反綁，眼中滿是恐懼與不願。

「偷偷翻看您書籍的人就是他。」

「大人，不需要這個樣子。我只是想見他一面。」花拉子米露出心疼的眼神道。

「您想見他難道不是因為這小子冒犯了您，還是偷了什麼東西嗎？」

花拉子米搖搖頭道：「不是，我有些話想問他。坦白說，我還需要他的幫忙。」

聽見花拉子米的回答，侍衛官改變了態度道：「放開他。」

少年站起身來，表情困惑。

花拉子米道：「別怕，我只是問你些話，沒有惡意。你誠實答就好，不必有任何顧慮。」

少年見花拉子米態度和善，便點了點頭。

善於察言觀色的侍衛官見狀便道：「大人，我把他交給您了，若您有新的任務，吩咐我就好，我先帶衛兵回去。」三人隨即離開，留下少年與花拉子米。

花拉子米對少年道：「你叫什麼名字？」

少年回道：「雅各。」

「雅各？你是猶太人嗎？」

「是的。」

「很好的名字。雅各，我想問你，聽說你上次來幫忙運送書籍時，一直在翻看手抄本，是嗎？」

聽完這句話，雅各緊張了起來，眼神閃爍，不敢回答。

「別害怕，這是好事。我只是在尋找看得懂抄本的人。」花拉子米口中的抄本是本數學的書，在這個年代，了解數學或對之有興趣的人可說少之又少。

雅各知道騙不過花拉子米，只好默默點頭。

「我想知道你到底看得懂多少……」花拉子米開始問雅各一些數學問題的細節，發現他理解力驚人，即便沒受過正式數學訓練，但雅各靠著興趣東拼西湊弄懂了一大半。而且在討論過程中，花拉子米發現雅各的眼神漸漸發亮，身體也放鬆了下來。

花拉子米露出滿意的表情道：「大部分的想法都對。如果你能留在我身邊多學習，幫忙整理資料，對智慧之家的研究工作應該有很大的幫助。不過我想最重要的是你本人的意願，你喜歡數學嗎？」

雅各回道：「當然喜歡！我也想從事跟這些有關的工作。」

「太好了，我正缺一個整理資料的助手，不過還有一個細節需要處理。我想問，你父母是猶太教徒嗎？」

雅各搖搖頭道：「我沒有父母，我是被人收養長大的。不過養父母兩人都在意外中喪生，後來因為家族紛爭，成了街頭的孤兒，現在只能靠打工跟拾荒維生。」

「那你的養父母也是猶太教徒嗎？」

「是的，我們原本在外地做生意，剛搬回巴格達就出了意外。」

「所以你才不是穆斯林啊！不過你已經夠大了，應該可以考慮。」

「考慮什麼？」

「考慮成為一個穆斯林。」

雅各皺著眉頭回道：「先生，我必須要是穆斯林，才能在這兒工作嗎？」

花拉子米回道：「並不是不行，但穆斯林的身分比較方便，對你對我都是。你若是其他宗教的信仰者，那就是誓約之民。誓約之民依現有法律，得多付一份人頭稅，這是保障信仰自由的稅款。或許聽起來有點不公平，但比起羅馬人把異教徒扔去餵獅子，或其他宗教對異端的殺戮，繳稅已經是文明的處理方式了。」

雅各聽過基督教對異教的一些迫害事蹟，許多人失掉了生命。阿拉伯帝國雖然偏袒穆斯林，異教徒卻不會因信仰失去身家性命。

雅各道：「除了人頭稅以外，還有其他原因嗎？」

花拉子米回道：「還有一些就是我們會遇到的管理問題，非穆斯林在工作的職等上有所限制，會有一些不方便。」

雅各低頭不語，似乎有些氣憤。

花拉子米道：「你在氣些什麼？」

雅各回道：「先生，難道您不會覺得不公平嗎？」

花拉子米柔聲道：「阿拉伯帝國以『信仰』為平等的『唯一』條件，其實已經相當公平了。如果以血緣、出身或地域為條件，這些條件個人無法控制，你只能期待自己是比較好的那一群。但以信仰為條件，你自己就可以『決定』是否願意接受。只要接受伊斯蘭教，就是穆斯林，所有人都可以成為穆斯林，而且所有穆斯林一律平等，同享阿拉真主、穆罕默德聖訓、哈里發法律的保護。」

「真的這麼好嗎？」雅各小聲的回答，似乎有些心動。

「是的，穆斯林不會因為個人出身否定他的『信仰』。伊斯蘭教最重要的精神是以『平等』的態度面對所有人，真主是喜愛公平者的。相較於其他宗教，伊斯蘭教也更注意信仰者經濟地位的平等。穆斯林五功之一的『天課』，就是繳交稅金，用以濟助窮人。富人有義務負擔更多稅金，而且越富有的人，天課比例也越高，因為他原本就蒙受真主祝福，應該與大家同享。這就是穆斯林追求的社會平等。」

「所以你也要繳『天課』？」

「是的，我繳的不算多，這是份穩定不算富裕的工作，但比起在街頭生活還是安全輕鬆得多。」

「成為穆斯林的過程會不會很麻煩，或需要等很久？」

「成為穆斯林意味著接受穆斯林的世界觀，穆斯林認為世界是唯一真主所造，穆罕默德是主的使者。精神上的調整我就不多說了，若以手續來說很簡單。只要請神職人員見證，你親口念出清真言：『我作證：萬物非主，唯有真主。我作證：穆罕默德，是主使者。』就可以了。」

雅各表情越來越心動，不過他還是問道：「除了您剛剛提到的『天課』之外，還有其他的戒律嗎？」

「是還有一些，不過都是具體易行的。每天五次朝麥加禮拜，能平靜你的心，讓你保持生活規律。每年一次齋戒，讓你能好好休息。一生一次到聖地的朝聖，不管是麥加、麥地那或耶路撒冷，都是讓你拓展自身眼界。至於與道德有關的戒律，大多都與一般社會生活的價值無異。」

雅各突然想起一件事，急忙問道：「穆斯林還能同非穆斯林當朋友嗎？」

花拉子米微笑道：「當然可以。誓約之民地位雖然不如穆斯林，但生命財產都可以受到保障，更不用說友誼，我自己也有些非穆斯林的朋友。非穆斯林者的信仰是穆斯林的責任，我們需要透過生活與行為的『聖戰』慢慢將他們轉化為穆斯林，但不是強迫，就像我現在向你傳教一樣。穆斯林有向非穆斯林傳道的義務，友誼對此有利無害。」

雅各認真地開始思考著，他覺得花拉子米提出的邀請似乎是很明智的。

花拉子米誠摯地道：「如果你想繼續保留猶太信仰，也沒關係，猶太人對穆斯林來說，是一神教的信仰者，地位也比其他宗教信仰者來得高。但你可以好好考慮，自己做出決定。如果你決定信仰伊斯蘭教，我就會請穆斯林的阿訇來，做簡單的見證。永遠記得只要是穆斯林一律完全平等，只要是穆斯林，就可以同享阿拉真主、穆罕默德聖訓、哈里發法律的保護。」

雅各後來改信了伊斯蘭教，成了花拉子米的助手。花拉子米的數學著作最後傳進了歐洲，成為西方文明重要的明燈。

Cibala 老師碎碎念

「花拉子米」這名字大家很陌生，不過國中以上的人應該會記得解一元二次式時有種配方法，以及由配方法衍生而出的公式解，這些數學就是出自於阿拉伯帝國的數學家花拉子米（Abū ʿAbdallāh Muḥammad ibn Mūsā al-Khwārizmī, 780—850）之手。花拉子米的書將數學從具體運算提升到符號運算，催生了數學中的代數方法，解方程式法變成「代數」這個學科名字的由來，而他的名字也變成了「演算法」的字源，永遠在數學與工程中流傳。

本故事的主題是古代的伊斯蘭教，伊斯蘭教自西元七世紀創建以來，一直不斷持續地影響人類文明。只是在現代由於世界強勢的文化一直是歐美文化，而歐美國家又與部分伊斯蘭教國家處於對立或戰爭狀態中，所以一般人對伊斯蘭教難免有負面印象。

西元七世紀到十三世紀的阿拉伯帝國是一個屬教主義的國家，有著廢除民族不平等的宗教熱情，致力追求一切穆斯林的平等。穆斯林所謂「聖戰」，這時主要是「傳教」的意涵，而非戰爭。直到十字軍東征時代，伊斯蘭教與基督教進入持續兩百年的宗教戰爭，「聖戰」才慢慢跟軍事聯繫在一起。

古代伊斯蘭教有著相對寬容的宗教自由。猶太人與伊斯蘭教徒的緊張關係也有很多近代與當代的歷史原因，一九四八年以色列建國，使得大批的伊斯蘭教阿拉伯人被迫離開自己的土地，因而引發激烈的衝突。或許我們應該多從各種不同的角度，了解伊斯蘭教，豐富自己的世界觀。

哲學很有事，你也來試試

☆花拉子米對雅各強調伊斯蘭教最重要的精神是什麼？

☆伊斯蘭教所謂「平等」是指「誰」在什麼地位上的平等？

☆雅各有些質疑伊斯蘭教的不平等，花拉子米如何回答他？

☆伊斯蘭教如何對待異教徒？

☆伊斯蘭教的「天課」是什麼？

☆這篇故事中提到伊斯蘭教所謂的「聖戰」是什麼？

☆對於富人以累進課稅或按比例罰金，比起所有人繳一樣的錢，你認為這樣的政策真的是公平的嗎？

☆閱讀前對中東伊斯蘭教國家的印象是什麼？

☆這篇故事跟你從生活中對伊斯蘭教的印象一致嗎？如果不一致，為什麼？

十字軍的和平

以眼還眼，舉世皆盲。

印度聖雄　甘地

一一九二年七月，巴勒斯坦的雅法。

第三次十字軍東征，英格蘭獅心王理查攻陷了聖城附近的阿克與雅法，卻仍未能收復聖城耶路撒冷。埃及蘇丹薩拉丁依舊穩坐耶路撒冷，戰情膠著。

屯駐雅法的十字軍騎士威廉，奉命帶領二十名騎兵巡邏。因為人手不足，二十名騎兵中超過一半是剛徵募的新兵，威廉非常擔心，卻無法拒絕任務。

最近，理查在盛怒下屠殺平民，許多騎士因不滿找藉口避戰，新兵紀律極差。巡邏路上威廉得反覆告誡新兵安靜。才剛停了一陣子，他又聽見嘻笑聲，威廉馳馬怒道：「安靜！我到底要說幾次！你們又在說些什麼？」

新兵A道：「報告長官，是他先說話的。」

新兵B道：「報告長官，是他先搶我東西。」

新兵A道：「我只是看一下……」

說完兩人又開始嘻笑。威廉無法接受士兵如此輕浮，滿腔怒火地拔出劍指著兩人吼道：「下馬！都下馬！」

兩人愣了一下，擺出不情願的表情，只是剛一下馬，兩人就變了臉色。

新兵B道：「天空中的黑點是什麼？」

「黑點？」

戰場經驗豐富的威廉大喊：「敵襲！敵襲！」他立刻下馬蹲低，高舉大盾過頂，所有老兵也一樣反應，但新兵反應不過來。空中千萬黑點拉長，變成長條狀黑雨，雨一般的利箭從天而降。站在威廉面前的新兵B，因恐懼動彈不得，直挺挺地被射成刺蝟。

箭雨後，戰場四處傳來哀號。威廉的戰馬也被射倒，但人沒有受傷，他抬頭張望，原本一望無際的沙漠上出現了一大群的駱駝騎兵。這麼多人的軍隊竟能無聲無息地出現，威廉不禁佩服起指揮官。

「壓低身子，慢慢集中！」威廉大喊，不過戰場上能動的人不超過五個。

新兵Ａ在箭雨中害怕地跌倒，意外地沒中箭，不過眼前地獄般的景象嚇壞了他，他呼吸越來越急促，腦子無法思考。駱駝騎兵開始靠近，前排人抽出軍刀，後排人張弓瞄準。

「壓低身子，不要慌張！」威廉大喊。

新兵Ａ看著不斷靠近的騎兵，好像看到鬼魅一般，瘋狂大叫後轉身逃跑。當然，跑不了幾步，就被追上的騎兵用軍刀了結了，威廉等人已被駱駝騎兵包圍。

綽號「槌子」的老兵喊著：「威廉老大，太多了。我們死定了。」

威廉回道：「是的，我了解。慢慢集中，一起死好找點。神父還在嗎？」

綽號「神父」的十字軍老兵回道：「老大我還在。」

威廉喊道：「趴在地上，快！快！唱一段禱詞，我們要去見上帝了。」

「神父」開始唱起了禱詞，原本大家還希望有神蹟出現，天空中有雷電降下，擊中敵方騎兵之類的，不過並沒有發生。威廉趴在地上，看見一雙軍靴停在他面前。靴子主人是個穿著白袍，戴著頭巾，有著濃密鬍鬚的男子。

「千萬別抬頭。」那人用生硬的英語道：「頭再高一點，或手多動一下，就會被弓箭射死。」

「我已經準備好要死了。」威廉一面說，一面把手偷偷移向劍鞘，他準備死前拖男子下水。

男子清楚看見威廉手在移動，他用木杖壓住威廉後頸讓他無法起身，告誡他道：「別亂動，讓我聽完。」等聽完禱詞後，男子對威廉道：「你們的詩歌跟我們的聽起來很像。我想一個人只要誠心面對神，說出來的話應該都會差不多。」

聽見男子的話，威廉驚訝得說不出話來。

男子繼續道：「你是騎士吧?怎麼稱呼?」

臨死報一下名字也不錯，威廉道：「英格蘭的騎士威廉。」

男子道：「騎士威廉，你跟你的同伴願意投降嗎？如果願意，而且你沒有犯罪，我願奉真主的名保護你。」

威廉知道十字軍常劫掠殺害伊斯蘭教徒，自認難逃一死，回道：「你真能保護我們嗎？」

男子道：「真主面前不說假話，條件是你沒有犯罪。」

男子派人架住剩下的十字軍，叫來幾個孩童，緊盯他們的臉討論著，威廉知道，他們在找屠城者。檢查之後，又有三個士兵死於刀下，最後只剩下他、神父跟槌子三人。

男子道：「忘了跟三位耶穌基督的門徒自我介紹，我是薩拉丁。請三位到城堡一聚，走吧。」

薩拉丁的駱駝騎兵安靜有序、迅捷如風，回城堡後，他讓槌子跟神父去包紮，留下威廉在廳中。薩拉丁倒了一杯水，遞給威廉。因為過於口渴，威廉接過之後立刻就猛喝。

薩拉丁對他笑道：「喝了這杯水，你就正式是我的客人了。我會保你安全離開。」

原本以為只是喝水，沒想到有如此深意。威廉對自己的莽撞與對方的仁慈向薩拉丁道謝。

「你不是我第一個釋放的十字軍，而且我從你眼中的火焰清楚地看見，你是真正的騎士，而不是騎馬東來的盜匪。」

薩拉丁這話有深意。威廉畢生恪遵騎士守則，正直誠實，保護弱者，勇敢無懼。不過騎士是當時的貴族，不可能所有貴族都這樣。有些騎士為了滿足自己的欲望，會殺害弱者甚至同伴。另外，以上帝之名東來的十字軍，應為神聖之師，但事實與此相去甚遠。軍中勾心鬥角、傷天害理的事都在他眼下發生，威廉嘆了一口氣回道：「我不知道為什麼會變成這個樣子。」

薩拉丁道：「這我倒是很清楚，這場東來的戰爭，根本就不是為了上帝。我曾經俘虜過一位十字軍吟遊詩人，他唱的歌你想必聽過。他唱著：『殺死異教徒不算謀殺，那是通往天國的道路。』你仔細想想這句話，出自《聖經》哪一段？」他同時拿起一本阿拉伯文《聖經》，熟練地翻查著。

威廉聽過這首歌，但他搖搖頭道：「我不知道，我不是神職人員。」

薩拉丁瞄了一眼《聖經》目錄後道：「我想沒有。我翻遍《聖經》找不到這段經文。詩人也承認這是他編的。你們一到這兒，就走偏了路。」

威廉回道：「可是《聖經》中不是有上帝帶領以色列人與異教徒作戰的故事嗎？」

薩拉丁道：「是有的。但以色列的百姓並不是每時每刻都受到上帝的祝福，在漫長的歷史中，他們很常離棄上帝，偏離正道。」

威廉回道：「可是你們占住了聖地耶路撒冷，不准基督徒在那做禮拜。」

薩拉丁道：「是的，那是百年前的事了，如今聖地已經完全不同了，你們仍堅持以最初目的奮戰嗎？」

威廉道：「戰略意義上的目的是國王的考慮。就我認識的騎士來說，大部分人參與戰爭是為了贖罪。」

薩拉丁道：「贖罪?這我可以理解。騎士威廉，你個人又是為了贖什麼罪呢？」

威廉提到不該提的話題，不過在談話中他對薩拉丁建立起一種莫名的信任感，好像對方能從特別的角度提出睿智的見解。

威廉道：「我在一次叛亂中殺了我的弟弟，他是主謀。」

「會為殺死叛亂的弟弟感到罪咎，騎士威廉，你是個高貴的人，你眼中的火焰並沒有說謊。」薩拉丁微舉水杯表示敬意，繼續道：「不過你需要深入思考，你的正直讓你輕易相信一切。讓我問你個問題，你覺得透過殺死某人，來救贖殺死另一個人的罪，這真的是可行的嗎？」

「在一般情況中不行，但你們是異教徒。」

「異教徒？的確。人跟人總有異同，我們兩方有共同遠祖亞伯拉罕，但發展又不同。對於無神論者來說，我們都是有神信仰，對崇拜多神宗教來說，我們都是一神信仰。在一神教之下，我們才不同，但你們卻稱同是一神信仰的我們為『異教徒』？」

「我不知道。異教徒永遠無法接受基督教。」

「可以的，這是《聖經》裡耶穌親口吩咐的，你們要往普天下去傳福音給萬民。耶穌沒有說不同信仰的人，不可能放棄信仰來跟從他，事實上初代基督徒是從猶太教徒變成的。改變信仰是可能的，在我們國家允許別的宗教存在，也是相同原因。騎士威廉，回到個人例子。異教徒也可以是另一個人的弟弟、父親或兒子，你殺死他時他的靈魂離去，家人痛哭失聲，跟你弟弟死時沒兩樣。你真的覺得重複這類事情，可以贖罪？」

威廉知道自己理虧，只好回道：「難道你不會為了保護自己而殺人嗎？」

薩拉丁道：「會，剛剛你有十七個弟兄戰死，我已下令不准劫掠基督徒的屍體，他們是戰死，不是被謀殺。在保護自己的戰爭中出現死亡是可嘆的，但也是不得不做的。不過我們住在這片土地上，我們在保護自己的城市、商隊與人民。你從遙遠的英格蘭來到這裡，這裡的人從不曾威脅你的生命、財產或親人。為了保護自己而殺人的正義，能用在哪一邊很清楚了。」

威廉想起好友因戰爭無辜犧牲，回道：「整體戰爭十字軍的確是攻擊的一方，但對捲入其中的個人來說，有時不免牽涉到家人、朋友或下屬的冤仇。」

薩拉丁道：「仇恨嗎？仇恨不就是因為一些身不由己的事情，而去做更多身不由己的事情嗎？不得不跟你分享我最喜歡的《聖經》經文：『只是我告訴你們，要愛你們的仇敵。』（〈馬太福音〉5章44節）耶穌不愛復仇。我不知道教皇號召戰爭時有沒有主教提醒他，不過在那麼高的位置，利害關係可能讓他沒辦法說自己想說的話。」

薩拉丁的評論令威廉無語。

「我跟你說的一切都基於事實。你們的祈禱詞聽來跟我們的也差不多。《聖經》許多內容與先知《古蘭經》吻合。騎士守則對我們而言一樣是美德。你可以忽略這一切，強調我們是異教徒，但這不是唯一看事情的方式。我認為，只要換個方式看事情，我們就有機會締造和平。」

威廉道：「締造和平？」

「對，以牙還牙的仇恨我已經看膩了，接下來我想看到十字軍的和平。」

「十字軍能締造和平嗎？」

薩拉丁道：「這不是你們原來的目的嗎？保護人民與朝聖者的安全，還有什麼比『和平』更能讓此成真的？真主將耶路撒冷交給我們，我們並不吝於提供基督教徒朝聖。有些伊斯蘭教徒反對，因為這將使基督信仰更堅定。不過我認為你們的信仰再堅定，也都是真主定意的，我們不該逃避。或許，跟不同信仰的人相處也是我們需要學習的。你認為呢？」

威廉想到他正在跟薩拉丁說話，回道：「我已經在練習了。」

薩拉丁笑道：「是的，我希望你了解，薩拉丁希望和平，願意讓無武裝的基督徒來耶路撒冷朝聖，也請你一定要讓獅心王知道。」

薩拉丁如約釋放了威廉、槌子以及神父，那兩人一直到被放走前都還不敢相信。

薩拉丁笑道：「威廉騎士，我希望不管是在天上或人間，我們能有機會再會面。」

騎士威廉返回之後，一一九二年九月二日，獅心王理查與薩拉丁談和。耶路撒冷仍在伊斯蘭教徒控制之下，但無武裝的基督徒可以來耶路撒冷朝聖。十字軍的戰爭要到將近百年後的一二九一年才結束，而在這過程中，伊斯蘭國家也因東方蒙古帝國的進攻，而大受打擊。

Cibala
老師碎碎念

這篇故事虛構成分極高，雖然薩拉丁（Saladin, 1137—1193）確有其人，本故事並不是在講薩拉丁的思想，他是統治者而非思想家。但這也不是在講伊斯蘭教的觀點，故事中薩拉丁的立場，比較像用現代和平主義的觀點批評過去的十字軍。故事主要是想呈現十字軍時代的世界觀。

這篇故事有很多的場景來自於筆者過去所看的一部電影：《王者天下》(*Kingdom of Heaven*)，這部電影是在講更早的哈汀之戰中的故事。個人認為這部電影很好地呈現了那個時代的感覺，想要贖罪的十字軍，被戰火波及的人們，宗教陣營的對立，因太多因素身不由己的人們。利用薩拉丁當主角也是從這部電影而來的靈感。

呈現這樣一個時代，包含著仇恨、對立與戰爭的時代，或許離現代和平的生活遠了，但這仍然是我們思考中的一部分，不知何時會出現。了解這些原因，了解這些過程，可以提醒我們和平的重要意義。

哲學很有事，你也來試試

☆薩拉丁對威廉說條件是你沒有犯罪，他所謂的犯罪是指什麼？

☆十字軍東來參加聖戰，狀況卻變得非常不堪，薩拉丁一語道破原因是什麼？

☆根據兩人的對話，十字軍最一開始的衝突是什麼？

☆威廉說大部分的十字軍軍人參戰其實是為了什麼？

☆威廉說薩拉丁是異教徒，薩拉丁如何回應？

☆威廉說異教徒永遠無法信仰基督教，薩拉丁如何回應？

☆薩拉丁如何形容「仇恨」？

☆故事裡提到耶穌不愛復仇，甚至放棄保護自己，你贊同這種和平主義式的觀點嗎？

☆有些人認為人在戰爭中才會變得勇敢、團結、犧牲，和平只會助長貪婪與自私，而因此喜歡戰爭。你的看法呢？

☆你曾覺得某些人的死是罪有應得嗎？如果是這樣，是不是代表你支持死刑？

無地王與《大憲章》

有能力給你一切的政府也有能力剝奪你的一切。

敦斯頓《巴哈曼自由引語集》

西元一二一五年六月十五日，英國倫敦。

英格蘭王國的國王約翰、坎特伯里主教斯德範、聖殿騎士團團長艾莫樂以及蘇格蘭軍的統帥阿蘭四人，在倫敦皇宮的小廳裡協商大事。

「豈有此理！」英王約翰憤怒地撕扯著統帥阿蘭帶來的羊皮卷，羊皮卷材質十分堅韌，約翰王想拔劍，配劍卻不在身邊，最後只好把羊皮卷扔在地上，不斷地用腳踩踏。

「你們這群……」約翰王把所有想到的英文髒話全罵了一遍，罵完之後換成法文的髒話繼續罵。

不過在場其他三人神色鎮定，彷彿早就預料到約翰王的反應。

這羊皮卷上是貴族擬出的一些新法律，跟一般法律有很大的不同，新法律不是在限制人民的行為，而是在限制國王的行為與權力。如果國王代表政府，新法律就是在限制政府的權力。

「吾王請息怒。」艾莫樂一邊向約翰王行禮，一邊用力瞪了剩下兩人一眼，要他們收斂。被瞪之後阿蘭與斯德範這才趕緊行禮道：「吾王請息怒。」

約翰王怒道：「你們怎麼可以用這樣的方式對我！我比起我哥哥是多麼用心在英格蘭本土的事務上！那個不會說英語的混帳……」約翰王又再失控地辱罵著前任國王理查。

約翰王的哥哥是有名的獅心王理查，獅心王是第三次十字軍東征的主帥，戰功彪炳，萬夫莫敵。但理查把畢生精力都花在歐洲大陸與十字軍東征。他一生待在英格蘭本島的時間不滿一年，只會說法語而不會說英語，並經常對人說，他在找個好價錢把倫敦給賣掉。

艾莫樂道：「是的。先王的確花很少時間在英格蘭本土的事務，這點幾乎無法否認。不過……」他好像有點顧忌，不願再刺激約翰王，所以沒往下說。

「先王能帶領英格蘭通往勝利。」阿蘭毫不猶豫地接道。獅心王名號來自於他戰鬥時的勇猛，曾在蘇道夫戰役中，擊敗伊斯蘭教的軍神薩拉丁，這是整個基督教世界的榮耀。

約翰王道：「他是個只會打仗的屠夫！」

約翰王在獅心王在位時曾發動叛亂，不過很快就被打敗了。約翰王轉過去看著主教斯德範，希望他能幫自己說句話。

斯德範露出莫可奈何的表情道：「光就先王發動十字軍東征這一點，教會對他就無可指責。」

約翰王道：「你們就是針對我來著。」

艾莫樂道：「並不是針對您，我們的計畫是為了英格蘭。」

阿蘭道：「可敬的國王，我們的計畫看起來像是『針對』您，但事實上只是『因為』您。英格蘭在大陸戰爭的失敗與教會問題的紛爭，使得您不斷增加本島的賦稅與兵役。這使得我們意識到問題的嚴重性，想邀請您一同來解決。

而且這些內容一旦變成法律，就不再是針對任何一個人了。」

約翰王道：「我是國王，你們這樣做是反叛，是會下地獄的。」

阿蘭道：「我們不是反叛，而是來找您商量。」

約翰王道：「那軍隊是怎麼回事？」

阿蘭道：「沒有軍隊，您不願意與我們商量。」

約翰王道：「國王在自己的領土內徵稅跟徵兵，是正當的，不需要跟任何人商量。」

阿蘭回道：「一定限度以內是正當的。但您已經將免徵兵稅提高到過去的一百倍，繼承稅提高到過去的十六倍，這種倍數的膨脹，我們都認為需要商量。」

艾莫樂道：「吾王，請容我說句話，現在國內情勢已經到了難以控制的局面，人民無法負擔您所要求的賦稅與兵源，阿蘭先生的建議並不是沒有道理的。」

約翰王道：「如果只是現在國內的狀況，我們大可以用政策的方式處理，而不需要變成永久的法律。」

艾莫樂道：「是的，我承認我有些被阿蘭先生說服，我認為這些內容變成法律更好。」

「更好？」約翰王用不屑的語氣道：「這根本不合法，國王的意志就是法律。」

斯德範露出十分認真的表情道：「可敬的國王，容我為您補充，法律也需要符合天主的意志。」

約翰王不敢得罪首席主教，於是道：「可敬的主教，謝謝您的補充，法律的確也需要符合天主的意志。」

阿蘭接道：「那請再容我補充，也需要符合對他人尊重與慈善，因這些都含在天主創造我們的靈魂之中。」

約翰王道：「我個人倒沒有感受到這法律對我有任何的尊重與慈善。」

阿蘭回道：「新法律的主角的確不是您，而是您領下的人民。即使平民再怎麼不相襯於您高貴的身分，但他們也是上帝創造的靈魂與鍾愛的子民。耶穌曾說凡做在我最小弟兄身上的事，就是做在我主身上的事，不是嗎？主教大人。」

斯德範道：「是的，您所言甚是。」

阿蘭道：「對最小弟兄靈魂的尊重與慈善既然符合天主的教導，必定也是最敬虔的英格蘭王國的法律中不可或缺之因子。」

約翰王道：「我看不出新法律的哪一部分代表你所謂的尊重。」

艾莫樂道：「回吾王，這部分的確是有的，新法律規範政府，尊重人民。第三十九條：除非受同等人之合法判決及本地法律所允許，任何自由人不得被逮捕、拘禁、沒收財產，放逐或受任何的損害。第四十條：對於任何人我們不得出賣、拒絕或推辭法律正義。這代表對人民法律地位的尊重與保護。」

約翰王道：「胡說八道！萬一此人犯的是叛國罪呢！」

阿蘭道：「這些法律並不是主張犯罪不能懲罰，而只是說在審判前不應強押拘禁，或沒收財產。叛國罪也需要審判，才不會讓真正犯罪者逍遙法外。任意定罪是驕傲自誇的表現，這也不符我主耶穌基督的教導，不是嗎？」

斯德範道：「是的，伯爵大人所言甚是。」

阿蘭接道：「保障人民的還有第四十一條、第三十條、第三十一條以及第二十條。對謹遵耶穌基督教誨的英格蘭國王而言，尊重人民正是應有的謙卑。」

艾莫樂道：「是的，我也認為在對人民的尊重上，新法律有很大的進步。」

約翰王道：「你所舉的僅僅是這六十一條中的幾條，除了這些以外，還有許多限制國王對城市與貴族徵稅的條款，這些可跟基本尊重無關。」

阿蘭回道：「其實是有關的，這些條款針對的是另一個問題，那就是國王本身的錯誤。」

約翰王道：「國王本身的錯誤？多麼褻瀆的語言！」

阿蘭道：「是的，吾王。我並沒有褻瀆的意思，只是就事論事。自您登基以來，一心想尋找功成名就的機會，卻反而做出不少錯誤的決策。對法戰爭不但無功，反倒失去了歐陸所有的土地。您跟教廷的關係緊張，恢復教籍的代價是每年一萬三千馬克的歲貢。您從不擔憂兵源與財政的壓力，因這些壓力全扛在您臣民的肩上。是這些壓力讓我們甦醒，讓我們意識到國王本身也會犯錯。」

約翰王道：「這些都是……」約翰王想辯駁些什麼，卻發現每件事都有太多的原因，說不清這許多。

阿蘭道：「即使再偶然，再多的原因，領導者的任務就是在這些狀況下做出正確的決定，不是嗎？」

阿蘭的話像是一把沉重的劍，直刺他最脆弱的心窩。約翰王出神了半晌之後，再次清醒過來，他知道他不能輸。

約翰王道：「這些都是你的片面之詞。《聖經》上說『當順服掌權者，因為掌權者都是上帝所立定的』。」

阿蘭道：「《聖經》也說『世人都犯了罪，虧欠了上帝的榮耀』。既然從亞當開始所有人都有罪，就沒有人能免於犯錯，即便《聖經》中上帝親自揀選的大衛王，也一樣曾犯過錯。大衛王是《聖經．詩篇》的作者，〈詩篇〉內有悔罪的詩文，主教可以為我的見證。」

斯德範道：「您所言甚是。」

阿蘭道：「國王會犯錯，而且國王犯錯的影響比一般人更大，需要更審慎的考慮。徵稅與徵兵的上限，能防止錯誤無限擴大。而且最重要的是第六十一條，我想您應該還沒讀到吧？」

「第六十一條？」

阿蘭回道：「第六十一條是設立能否決國王決策的會議，用眾人的智慧來防止國王做出錯誤的決定。我知道您一直受到令兄的壓力，想做個更好的國王。但事實是，如果您不願意正視自己的錯誤，將永遠不能進步。」

艾莫樂道：「吾王，我們不把權力押注在任何個人，而是成立能共同討論的會議。集眾人的智慧避免因個人有限而犯的錯誤。」

斯德範道：「我也認為這更符合天主的旨意。」

聽完這段話，約翰王整個人癱在椅子上，無法起身。

阿蘭道：「這是個制度，能幫助任何國王，避免錯誤與後悔的決策。一人的錯誤，能被眾人的智慧所修正。」

艾莫樂道：「是的，吾王，請認真考慮這份法律，英格蘭已經經不起任何錯誤了。只要您願意簽名，我保證所有的法律都會被公正的執行。」

斯德範沒有說話，低下了頭，似乎也加入了懇請英王的行列。

阿蘭道：「懇請吾王為了英格蘭王國的將來簽名，我與眾貴族必定會在簽字後，解散圍困倫敦的軍隊。」

約翰王四天後在《大憲章》上簽了字。不過當貴族的軍隊退回領地之後，他便宣布《大憲章》無效，並掀起了英格蘭的諸侯內戰。一年之後約翰王病死於內戰中。下一任國王亨利三世由於年幼即位，深怕內亂擴大，接受了刪減版的《大憲章》，在他任內出現了類似議會的組織，英格蘭成為歐洲最早有憲法與議會的國家。

Cibala
老師碎碎念

本故事的主題不是任何的思想家，而是十三世紀在英國簽訂的《大憲章》(*The Great Charter*)。這是一份限制君權的法律，也是國會權力的基礎。

也許《大憲章》在後來的歷史中受到許多的修正與刪改，但它在政治哲學中的意義仍是值得理解跟學習的。政府一向被認為是權力的中心，只有政府能限制人民，人民並沒有限制政府的權力。憲法是規範限制政府行動的法律。保護人民不受政府的侵害與壓迫。到十七世紀的洛克，就會把人民有權利推翻無法保障天賦人權的政府，做更清楚的聲明。

哲學很有事，你也來試試

- ☆請簡述《大憲章》的特殊性質。
- ☆在談話中英王約翰認為法律是什麼？
- ☆阿蘭提到法律也應該要符合什麼？
- ☆任舉文中提到尊重人民的法條範例。
- ☆阿蘭說因近來英格蘭的各種不利狀況，帶來了巨大的壓力，這壓力讓他們意識到了什麼？
- ☆文中提到《大憲章》關鍵的第六十一條的內容是什麼？
- ☆故事提到《大憲章》引發的衝突，最後到底怎麼了？
- ☆故事中提到他們想用眾人的智慧來防止一個人可能犯的錯誤，對這種想法你認為呢？
- ☆憲法是用來限制政府的權力，你覺得政府的權力應該被限制嗎？

善辯的阿奎那

自然是上帝的藝術作品。

義大利詩人　但丁．阿利吉耶里

西元一二七〇年，巴黎大學。

神學系新生A快步跑過走廊，氣喘吁吁地對B說：「跟我走吧！有好戲可看囉！聽說阿奎那今天要與神學系的教授辯論。」

「那個善辯的阿奎那？」B聲調明顯提高，自然是十分有興趣。

「當然囉！不然還是誰？」

兩人在往會堂的路上繼續聊著。

「阿奎那到底長什麼樣子？」

「不知道耶！感覺是個精明強悍的人。這樣的人，通常以小個子居多。」

「我也這樣覺得。」

談話間兩人已來到會堂，觀戰群眾不如想像中的多。兩人急忙找位子坐下，努力辨明阿奎那的位置。辨清之後，卻看見一位有著黝黑皮膚的高胖男子。阿奎那個頭高大，長袍掩不住肚子的弧度，額頭高聳，長相有點兇惡。

「跟想像差了好多。」

「對啊！怎麼這麼大個兒！」

神學教授道：「阿奎那！我認為，你大部分的論點都出於自傲，妄用了上帝賜與人的理性。」這教授是個皮膚白皙的男子，看起來比阿奎那年輕，聲音尖銳，一聽就很容易讓人失去理智。

神學教授繼續道：「你認為理性等同於信仰，但信仰不用理性的幫忙，理性無法參透上帝的奧秘，不懂這點的你，只是在自己的思考裡兜圈子。」

他又說了許多，不過跟這一句說的也差不了多少。

「多謝您的指教。」阿奎那的語氣溫和，態度謙虛有禮，音調低沉而有磁性。

他繼續道：「首先請容我指出，您剛剛使用的『妄用』二字可能過於嚴重了。這兩個字可以出現在討論的結尾，若出現在討論的開頭，未免有些急切，我想與您討論幾個要點，等釐清後再來判斷是否『妄用』也不遲。」

神學生A道：「他看起來很兇的樣子，沒想到說起話來如此有禮。」

「我們又錯了！真是不能只看外表啊！」B回道。

阿奎那道：「我認為理性本身『獨立於』信仰，卻從來沒有宣稱過理性『等同於』信仰，或『高於』信仰，我很清楚理性的限度。各位在批評我的論點時，卻常誤解為將信仰與理性畫上等號，事實上我從未如此主張過。我想先花些時間來簡述這點。」

「那你就快說吧！」神學教授以不高興的語氣回道。

阿奎那繼續以平穩的聲音道：「有些人認為信仰與理性相互為敵，認為信仰是荒謬的，無法理解的。德爾都良曾說：『因為荒謬，所以我相信。』因為他認為信仰全是奧秘。我也認為信仰有部分是無法理解的奧秘，卻不是『全部』。我反對德爾都良，不是因為我認為理性等同於信仰，而是因為我認為理性與信仰不完全相同，也不完全相異，而是部分相同，部分相異。理性與信仰是兩個部分重疊卻相互獨立的領域。」

觀眾都一致地點頭。

阿奎那繼續道：「上帝所賜的理性與耶穌的救贖一樣及於全人類。我們必須好好利用兩者來傳播福音。為了傳播福音，我們必須與異教徒對話，但異教徒並不接受上帝啟示的《聖經》。理性是與異教徒相互對話的基礎。善用理性是為了傳揚福音，而不是為了放棄信仰。」

「理性思考難道不會讓人懷疑信仰嗎？」

「或許有人認為理性會妨礙信仰，但我想這是放錯了焦點。飲食並不會妨礙信仰，可是貪食就會，休息並不會妨礙信仰，但懶惰就會。在這些情況中，出問題的並不是這些事物本身，而是過度濫用所造成。不找出真正的原因，就全然放棄理性思考，並不是最好的處理方式。」

觀眾都一致地點頭。

「在我個人知識範圍以內，理性認識的事物，從來就不與信仰衝突。而信仰關切的事物，又超出理性之外，這兩者並無矛盾之處。把耶穌釘上十字架的是文士與法利賽人，是撒旦與魔鬼，而不是柏拉圖與亞里斯多德。理性也是上帝的造物，也是善的。」

「魔鬼曾欺騙人的理性，不是嗎？」神學教授反問道。

「是的。這說明理性不是萬能的，但這不等於理性永遠是錯的。亞當用他的口吃了善惡樹的果實，違背了上帝的律令，但我們也可以用口稱頌上帝。真正犯罪的是人的靈魂，而不是靈魂所賴之物，甚至是理性。」

「既然你說理性不與信仰矛盾，那為何異教徒不信上帝？」

「這教授的問題真的很遜，不斷地重複。」B 小聲對 A 道。

阿奎那朗聲道：「不矛盾代表可能接受，不代表非接受不可。然而，我的確相信，單憑理性思考就能發現造物者的身影，即便對上帝的本質一無所知，卻可以理解祂的存在。我想向各位陳述兩個有趣的觀察，請大家一起想一想，好嗎？」阿奎那轉向觀眾。或許想透過說服觀眾間接說服對手。

觀眾們一致點頭表示同意。

阿奎那對觀眾道：「我請問各位，凡事必有因，這是符合理性的原則，對嗎？」

觀眾回道：「是的。」

「一事之原因是另外一事，而且早於結果之事，對嗎？」

觀眾回道：「這個當然。」

「但既然是另外一事，作為原因之事，自然也適用『凡事必有因』這條原則，對嗎？」

觀眾回道：「是的。」

「如果重複推論，作為原因的事又有其原因，而作為原因的原因的事又再有其原因，如此不斷重複推論，便成了一個無限長的系列，這合理嗎？」

觀眾回道：「不太合理。」

「因此合理的解釋是，必定有一個事或者物作為最開始的原因，這就是創世神，這就是上帝。」

引起了臺下的一陣討論。

阿奎那補充解釋道：「這個觀察依據兩個原則。原則一，凡事必有因，在目前所知的領域中，從來沒有不合此原則的例子。原則二，事與事原因的回推，不可能是無限長的，時間一定有個開場，這也符合理性推論。兩個合乎理性的原則推出的結果應該也是合理的，不是嗎？」

經過他再一次的解釋，了解的人變多了，臺下騷動也更大了。

阿奎那道：「這是我之前所說的，即使是異教徒，也能以理性了解信仰的合理性。思考不能代替信仰，卻領人到了信仰的入口。」

在場觀眾點頭不已。

「再看第二個有趣的小觀察。如果各位在路上撿到一只機械鐘，你們會覺得這鐘是由偶然出現的零件被自然風力吹動，運氣極佳地湊組在一塊兒，還是經工匠設計製造並組裝的？」

「怎麼可能是偶然的，當然是工匠設計製造組裝的。」群眾回道。

「既然大家都這樣想，我就來提醒大家一個有趣的觀察。自然界的萬物，不管是天體運行，動植物關係，甚或人類身體構造，處處都有設計巧思。舉個例子，我們的牙齒能咬碎食物，唾液混合幫助食物吞嚥，再由胃部運動磨得更碎之後，送至腸道吸收，最後將無法吸收者排出體外。光進食的過程就包含了許多智慧的設計環環相扣，越研究越會發現，自然萬物的複雜度遠勝人手造之物。這不正說明了宇宙是由有智慧者所設計創造的嗎？」

阿奎那又再以其博學舉了眼睛識物以及昆蟲與花朵的例子，了解的人更多了。

阿奎那結論道：「理性可以作為信仰的前導而非妨礙，我想應該很清楚了。」

「即使你這樣說，我還是認為只要有《聖經》就足夠。不然那些窮困的人，不識字的人，甚至耳聾瞎眼的人要如何得到救贖呢？」神學教授回道。

「我從來就不是尋找『唯一』的方式，而只是提出『另一種』方式。不然那些透過理性思考的學者、異教徒或文人們要如何得到救贖呢？為此爭論，只是在爭論馬車的左輪與右輪何者較重要而已。」

這場辯論會結束，誰都看得出阿奎那是有理的那一方。

這是阿奎那最後一次參訪巴黎大學。四年後阿奎那在前往一次會議的途中病倒，三月去世，死時四十九歲。他被教廷封為聖人，並受封為天使博士，以彰顯他的博學。

Cibala 老師碎碎念

聖多瑪斯・阿奎那 (St. Thomas Aquinas, 1225—1274.3.7) 是天主教重要的思想家，著名的自然神學論者與亞里斯多德詮釋家。他的哲學被稱為「多瑪斯主義」，至今仍是天主教哲學的典範。

許多人看到證明上帝存在或許會認為太過於宗教，在哲學上不值一提，但其實阿奎那對理性與信仰的立場，乃是將理性從宗教中鬆綁出來的最重要推手。中世紀一切的思想文化皆以信仰為依歸，阿奎那強調理性在信仰之外仍有其獨立的地位，這可以說是從中世紀神學中心移轉到近代科學與理性中心，跨出的第一步。如果理性一直被教會視為是驕傲的，不值得相信的，甚至是有罪的，那麼歐洲也很難出現近代各種躍進的思想溫床。

阿奎那的看法確實有效地影響了思想的發展，引領整個歐洲進入近代化，這是我們不得不介紹他的原因。他所留下的這兩個論證，前者一直為自然神論者所喜愛，後者一直到今天還在許多教會流傳。另外，多瑪斯主義維護異教徒與自然法的立場，在歐洲強勢侵略非歐文化的時代，也是盞良心的明燈。

哲學很有事，你也來試試

☆阿奎那提到德爾都良對信仰的觀點是如何？

☆阿奎那認為信仰與理性之間的關聯應該是什麼？

☆簡述阿奎那提到第一個關於上帝身影的觀察。

☆簡述阿奎那提到第二個關於上帝身影的觀察。

☆故事中神學教授對理性與信仰抱持的立場是什麼？

☆故事最後神學教授批評那不識字的人該怎麼信仰的時候，阿奎那的回答是什麼？

☆你覺得理性跟信仰有沒有衝突？

☆你覺得這個世界生物的精巧結構，大自然神奇的規律，背後有沒有創造者？

薄伽丘的惡作劇

人類的智慧就是快樂的泉源。

義大利作家　喬凡尼·薄伽丘

一三五五年，義大利的佛羅倫斯。

我不在乎能不能上天堂，因為幸福已經在人間。

薄伽丘寫完這最後一句話，很滿意地把信紙摺好放進信封。造紙術上一世紀才西傳，會用紙的地方還不多，可是這裡是先進的佛羅倫斯。雖然黑死病讓城市受到挫折，仍無法摧毀這個城市的財富與自信。

薄伽丘知道有些教會人士對他的言論與著作很不滿意，在背後以謠言中傷他。薄伽丘可以理解他們的動機，卻無法接受他們缺乏幽默感。他想了很久，惡言相向太直接了，以德報怨還是比較符合自己的格調。他打算對教會的人作件「好事」，他定義的「好事」。

薄伽丘假裝自己得了急病，讓僕人去請他最討厭的神父來為他做臨終告解。

「薄伽丘，想不到你也有這麼一天啊！」

「神父，萬安！」薄伽丘假裝咳嗽，裝出重病的樣子，他裝得其實有點假。不過神父因為過於得意，沒有發現這件事。

神父道：「你是要為你的毒舌告解了嗎？」薄伽丘寫了些諷刺教會貪婪、無知以及道德敗壞的作品，神父提的正是這件事。

「不是。神父您說那個我已經處理好了。」薄伽丘壓根沒後悔過自己寫的任何一個字，他只想捉弄神父。他道：「我有更重要，更私密的事情需要向您懺悔。」

當時習慣是，人死前一定要向神父把自己的罪懺悔完，才不會下到煉獄受苦。薄伽丘又假咳了兩聲道：「您一定要救救我，聽我告解。」

「很多事嗎？」

「多年前的事，還不少。」

神父故意露出為難的臉色道：「緊急來這兒聽你告解，已經很趕了。我後面還有很多會務要進行，萬一耽擱了，該怎麼辦才好。」

「我會奉獻！」薄伽丘大喊，他知道神父要什麼。「我會奉獻雙倍，不，三倍的錢給您的教會。」

「三倍？」神父皺著眉道：「我這樣急忙趕來，這已經是你應付的代價。」

「四倍！不，六倍。」薄伽丘假裝激動地爬起來抓著神父的衣襟，過程中他還忍不住笑了一下，不過神父一直在聽數目，沒有注意到。

「這還差不多。」神父坐下就定位，對他道：「事件緊急，我就不依照一般的規矩問了，你趕快把你沒懺悔過的罪向我說明。」

薄伽丘裝出楚楚可憐的眼神道：「兩年前，我去一個神父家裡吃飯。見他有個能招來好運的硬幣。我一時貪心，趁他不注意時偷了硬幣。」

神父道：「那就是偷竊罪啊！你真不應該。」

「是的，我是個商人，對好運很在意。我這兩年有大生意，不得不靠它。」

「我看你犯了罪，這兩年生意一定不順利吧！」

「不，我這兩年生意順利得很。」

「怎麼會這樣。難道這真是枚神奇的硬幣？」

「或許是因為我把硬幣還給失主了。」

「喔？你已經做了正確的抉擇了，你還給神父時沒懺悔？」

「是失主但不是神父。我後來因緣際會遇到一位公爵，公爵聊起他也有枚神奇的硬幣，只是多年前被人偷走了。我拿出這枚硬幣給他看，他一見就說這是他的硬幣。」

「怎麼可能？他沒有弄錯？」

「硬幣上刻著他家族的名字，那人出身高貴，還見過教皇。而且他說我認識的那位神父有一陣子曾出入他的城堡。後來，硬幣就不見了。」

「這怎麼會？」聽見另一位神父的壞事，神父不太高興，他道：「這中間一定有什麼誤會。」

「我很乾脆的把硬幣還給了公爵。也算是物歸原主了。」

神父正色道：「但你還是犯了偷竊罪。還好你很誠實，也願意向我主懺悔你的過錯。我奉主的名赦免你的罪。」

懺悔儀式進行後他們開始講第二件事。

薄伽丘道：「我有一日去修道院捐獻，見到一位招待我的修女。她正值雙十年華，花容月貌，亞麻色的頭髮，白裡透紅的肌膚，粉嫩的嘴唇，微微一笑齒若編貝……」

「好了好了，你不用說這麼多女子的細節，然後呢？」

「然後我就對修女動了淫念。」

「這真是很不好的，你絕對不能動淫念的對象就是修女。」

「是的，因為我是商人，仗著自己有幾個錢，我就跑上前去勾引她。」神父這時很緊張，唯恐又聽到神職人員的罪過。薄伽丘看出他的不安，以遺憾的口氣說道：「沒想到被她拒絕了。」

神父終於鬆了一口氣，回道：「這是當然的。修女發誓守貞，怎麼會跟你……」

薄伽丘微笑道：「是的。我可以理解。而且她跟我說，她已經有兩個地下情夫了，一個排一三五，一個二四六，禮拜天教堂有活動，她實在沒空會第三個情夫。」

神父聽了又很不愉快，只是他壓抑自己的情緒，正色道：「你不用講這些細節。總之你就是動了淫念了。還好你很誠實，也願意向我主懺悔你的過錯。我奉主的名赦免你的罪。」

懺悔儀式進行後他們開始講第三件事。

「我前陣子出遠門，因為怕天黑，走快了點，水也顧不得喝。到了鎮裡我拿出水袋，喝了一大口水，發現這水竟像美酒一樣美味。我咕咚咕咚地喝了一整袋，心中暢快無比。」

「然後呢？」

「沒有然後了，就是這件事。」

「你犯的罪在哪裡呢？」

「我犯了貪食的罪。在喝水那刻，我彷彿飲酒般，不知節制地喝水，喝得津津有味。我真是個罪人啊！」

「薄伽丘啊！這不是罪，長途跋涉後想喝水只是自然的欲望罷了，所有人都是這樣。不進食不喝水我們也無法在世界上存活，這裡只要感謝上帝的恩賜就可以了。」

「神父，您的話引起了我心中多年的疑惑，我怕疑惑讓我上不了天堂。我可以問您嗎？」薄伽丘裝出乞求的語氣問道。

神父自信道：「問吧！」

「如果喜愛是出於人自然的欲望，那就不是罪了，是嗎？」

「這個自然是的，生命也是上帝創造並賜予的。出於自然的欲望不是罪。」

「如果想要別人的錢財，這也是出於自然的欲望嗎？」

「別人的錢財是有主之物啊！這怎麼能推給自然的欲望呢？這是貪婪，是罪。」

「所以貪戀有丈夫的婦女，也是罪囉？」

「這個自然，你學得很快。」

「可是修女不是任何人的老婆……」

「修女是神聖的，當然不一樣。修女是奉獻給上帝的人，怎麼可以混為一談。」

「所以喜愛不是未嫁也非修女的女子，就是出於自然的欲望嗎？」

「這當然是的。」

「那大家爭奪同一位女子，為此爭鬥，這樣能算是自然的欲望嗎？」

「既然爭鬥，這就不算了，這必定是罪。」

「那國王舉辦比武大賽，也是爭鬥，這也是罪囉？」

「這爭的是榮譽，怎麼會是罪呢？」

「那若是比武大賽有賞金，或是有公主透過比武選夫婿，這樣還是爭榮譽嗎？」

「你怎麼這麼多問題。你不是要懺悔，為什麼變成在問問題了？」

「我怕帶著一絲懷疑，就進不了天國，神父您一定要幫幫我，我一定會好好酬謝您的。您剛剛給我的答案很滿意，請讓我問完。」

「快點問，我們要做正事了。」

「如果你發現你愛上一位女性，這時是自然欲望的喜愛，後來卻發現她是別人的妻子。這時刻，出於自然欲望的喜愛，就變成罪了嗎？」

「這個當然是。」

「可是愛情的心一旦動了就很難停下來。所以當我們起心動念時，其實並不知道自己有沒有犯罪囉？」

「這是無可避免的。違背了上帝的律令就是犯罪。」

「只要違背律令就是犯罪？那這樣『明知故犯』跟『無心之過』不就沒有差別嗎？」薄伽丘的聲調提高了些。

「對上帝來說，違背律令就是犯罪。」神父小聲地重複這句，但他也覺得兩者不同。

「古代哲人曾說懲罰無知的人民算不上正義，明知故犯者懲罰才能上他的身，這不是常理嗎？即便不談公不公平，這樣的世界充滿了隨時可能犯罪的危險。深愛我們的上帝，會用這麼危險的環境試探我們嗎？」

神父一時不知如何回應，過了一陣子緩緩說道：「你到底還要不要懺悔？」

薄伽丘知道該進結局了，裝作開心的樣子道：「神父的意思是這就是上帝給人懺悔機會的原因，不是嗎？正如您現在所做的。」

神父一想或許這也算答案吧，於是回道：「是的，我就是這個意思。」

薄伽丘裝出十分佩服的樣子道：「您的話解了我心中多年的疑惑。我再也沒有疑惑了。來，拿過來。」他請僕人拿了個盒子過來，對神父說：「這是我家傳的珠寶。價值遠超過我一開始提的六倍，請您收下。」

神父沒想到會收到珠寶，喜形於色。薄伽丘突然神色凝重地對他說：「神父，要收下這盒珠寶可得要遵守約定。您得答應我，在我葬禮之前絕不能打開盒子，否則，盒子裡就只是一封信而已。」

神父隨口答應了，然後喜出望外地接過盒子。只是他立刻就發現盒子很輕，感覺裡面就只有一封信。

「這裡面是珠寶嗎？怎麼這麼輕？你沒騙我吧？」神父問道。

「千真萬確的珠寶，等我一蒙主寵召，您下半輩子就不用愁吃喝了。」

「真的嗎？這盒子太輕了。」

「還是您要普通的費用，那不到這盒珠寶的百分之一，我可以立刻給您。」

「不了不了，珠寶就好。」

「您的選擇很明智，我們要對看不見的東西有信心啊！」接著他裝出不斷咳嗽，非常虛弱的樣子，他道：「只要等我一下下，我一下葬您就可以打開。」

神父捧著盒子回去之後，越想越不對。等對方死了，這筆帳倒底要跟誰算去。他又急又氣，左思右想，最後還是抵不過好奇心。神父打開盒子，發現裡面果然只是一封信。

信上寫著：

神父，其實這封信才是我真正的懺悔。我騙了您，我跟您說的一切都是謊言。我從一開始就不打算付錢。

為什麼我要這樣做？我所說的謊言只是您日常生活很小的一部分。如果您不想讓自己的貪心與愚蠢人盡皆知，就最好對這件事保守秘密。

我不怕您，我跟您有三點不一樣。

我不認為人類的欲求是有罪的。我不假意逃避自己的欲求，而成為偽善者。

我不認為「明知故犯」跟「無心之過」沒有差別。您所謂上帝的律法毫無公平性可言。

我不在乎能不能上天堂，因為幸福已經在人間。

神父忿怒地撕掉了信。

Cibala

老師碎碎念

本故事的主角是義大利文藝復興三傑之一的薄伽丘（Giovanni Boccaccio, 1313—1375.12.21），有名的人文主義者。他批評教會只注意神權，不關注人間正義、情愛與幸福，甚至因壓抑自然的欲望變得更虛偽貪婪，是典型的文藝復興思維。

本故事參考他的短篇小說集《十日談》（*Decameron*），這是本諷刺教會敗德、偽善、貪婪與愚蠢的故事集。故事中前兩個懺悔的例子都是仿造《十日談》中對教士階級的描述所寫成的。只是單講這點或許單薄，所以後半加入了一個倫理學的討論，這是對「不知者無罪」原則的討論。

人有沒有可能在不知道自己做錯的情況下，做出錯的事情呢？其實基督教對這個問題的立場是有爭議的，依照《舊約聖經》的例子，上帝似乎會追究不知者的罪。但在《新約聖經》中，耶穌卻在十字架上為不知自己做了什麼的犯罪者祈求，兩邊都各有詮釋。另外，天主教哲學也認真討論過「錯誤良心」的問題，學者阿貝拉德（Peter Abelard, 1079－1142）認為良心是一切善惡的標準，所以「不知者無罪原則」自然成立，但班哈德認為行為的對錯取決於是否違反道德法則，即使當事者不知道，只要違反了法則一樣錯誤。

或許人文主義者傾向於阿貝拉德的答案，但這個對立本身也很有意思，所以我在此處補充。

哲學很有事，你也來試試

☆ 故事中薄伽丘到底要為「什麼」悔罪？

☆ 薄伽丘前兩個懺悔讓神父不悅的原因是什麼？

☆ 薄伽丘提到他喝水時像喝酒一樣犯了貪心的罪，神父如何回答他？

☆ 薄伽丘問神父不小心愛上有夫之婦算不算罪的時候，神父如何回答他？

☆ 薄伽丘為什麼最後在信上提到他不在乎能不能上天堂？

☆ 什麼更接近你心中的「人間幸福」？

☆ 關於「無心之過」跟「明知故犯」的區分？你認為這兩者該用不同的方式懲罰嗎？還是其實沒有差別呢？

☆ 你欣賞薄伽丘這種惡作劇的行為嗎？為什麼？

大航海的歸來者

我來，我見，我征服。

尤利烏斯．凱薩給羅馬元老院的捷報

一四九三年，西班牙帕洛斯港。

帕洛斯港一間小酒館裡，有三位酒客。一位已經完全醉了的客人，面伏在吧檯上，咕噥著沒人聽懂的醉話。兩位較清醒者則在小桌子各自獨酌。

醉漢喊道：「我還要酒！」終於吐出了一句清楚的話。

酒保道：「這位客人，我勸您還是不要再喝了。另外，請容我提醒，您剛墊付的酒錢也已經不夠了……」

醉漢道：「什麼不夠！」他晃晃悠悠地站起來，個頭明顯比酒保高，揮舞著拳頭道：「我剛明明給了你很多錢！」

「可是您喝了更多的酒啊！」酒保退了一步，回道：「您再多付一些，我就幫忙準備酒。」

「豈有此理！」醉漢怒吼著。他高舉一張椅子過頂，一副要砸向吧檯的樣子。「你看好了！不給酒，我讓你損失更多。」

與此同時，一位獨酌的客人迅速地離開了酒館。

「好好好，我幫忙準備就是。」

醉漢笑道：「這才乖。」他笑嘻嘻醉醺醺地坐下，一身酒氣。

可是醉漢才喝不到三杯，酒館外就走進兩個衛兵，二話不說一左一右架走了他。酒保趕緊道謝並塞了些錢在衛兵手裡。等醉漢事件告一段落之後，那位先離開的酒客才從門外走回原座上。

世故的酒保一眼就知道是這位客人報的信，主動帶了一瓶酒，到他面前道：「先生，多謝您的幫忙。」

酒客道：「舉手之勞，況且我也需要清靜的地方喝酒。」

酒保在他的面前，開了瓶酒之後坐下道：「請一定要讓我招待您兩杯。我的名字是荷西。」

「你生意不忙嗎？」

「開酒館這麼多年了，這時候人不多的，交個朋友，請讓我先敬您一杯。」

酒客回敬道：「我的名字是亞力克西斯。」

兩人開始像朋友般邊喝邊聊了起來。

荷西道：「最近我感覺遊手好閒的人變多了，或許跟政策有關。據說女王大幅刪減了陸軍編制，把經費全移到海軍上去了。」

亞力克西斯回道：「有這樣的事？」

「我是這樣聽說的，可是不知道原因。剛剛那喝酒的人就是個陸軍新兵，一下子沒了工作，自然也是很悶。」

「的確有可能，受打擊難免，但還是要約束自己的行為。」

「您說的沒錯，多謝您的幫忙。」說完荷西又敬了亞力克西斯一杯。

荷西道：「您的名字不像本地人，對嗎？」

亞力克西斯回道：「我從東邊來的，家族世代在希臘經商，但這些地區正一步步落進鄂圖曼帝國手裡。伊斯蘭教徒完全控制了往東方的道路，我們只好一路往西。」

「可惜西班牙離那裡太遠了，女王的軍隊可是不斷作戰的精兵。」

兩人又聊了一些國際情勢。鄂圖曼帝國阻隔了歐洲的香料商路，大家都對此十分憂心。

荷西道：「伊斯蘭教徒還真是可怕。」

亞力克西斯道：「其實習慣後也不需要害怕，我從東走到西，看的人地物多了，感覺差異不大。太陽底下並沒有新鮮事，一切都是老調重彈。古代哲人就已經發現不管任何地區、民族甚至時代，人生存的環境，面對的問題，都是大同小異，基本上換湯不換藥。」

「說得太好了，請再多說一些。」

亞力克西斯受到肯定後微微一笑，然後繼續說道：「古代經典都在訴說同一個主題：世界有限，生存不易。人活著只有兩項任務，思考反省適合自己的位置，以及控制自己的欲望。人的智慧就是為了反省與節制。」

「很有道理。」

「像我們這種非貴族的凡人，只要能找到一份穩定的工作，接下來就是約束好自己的欲望，不然的話……」

「不然會怎麼樣？」

「不然，就會像剛剛那位發酒瘋的仁兄一樣，不但自己糟糕，還給大家帶來困擾。」

「是的，來，我再敬您一杯。」

說到這兒，另一位酒客突然拖了張椅子過來，主動加入談話道：「這就是你的高見嗎？」

亞力克西斯道：「是的。您是……」

那位酒客道：「我是個水手，哥倫布船長的二副，我叫多明哥。」

亞力克西斯回道：「請問您有何指教？」

多明哥道：「其實也沒什麼，我跟你意見不同而已，非常的不同。」

多明哥說完這句話，氣氛顯得緊張。

世故的荷西連忙陪笑道：「其實意見不同，很常見的事，大家先乾一杯，我請客。」

大家一起乾了一杯。

多明哥道：「我說不同意你的意見，是有理由的。你曾說，太陽底下沒有新鮮事，一切都是老調重彈，對嗎？」

亞力克西斯回道：「這是我一路西來所見所聞的心得。」

「我想告訴各位一件新鮮事。」多明哥的聲調中帶著自信與興奮，在場兩個人都明顯地感受到了。「我跟隨哥倫布船長，從帕洛斯港出發往西航行，兩個月後到了一個全新的世界。」多明哥用激動的聲音道：「全新的世界有無盡的土地、森林、島嶼，有過去從沒見過的植物與動物……」

多明哥接著說了幾樣新大陸的特別動植物，兩人聽得津津有味。

荷西問道：「沒有人嗎？」

多明哥微笑道：「有。有一群住在當地，紅色皮膚的人類。他們說著我們從未聽聞的語言，從未見過文明世界的一人一物。」

荷西問道：「會攻擊人嗎？」

多明哥道：「有的會，有的不會。我們在那裡設駐了營地，俘虜了部分當地人當奴隸，打算慢慢探索這片未知的土地。根據俘虜的說法，在我們還無法深入的叢林中，還有黃金蓋成的神廟，白銀建成的城市，滿是寶藏的古代遺跡。」

荷西道：「真難以想像。」

「這就是太陽底下的新鮮事。新世界的存在是任何古代典籍從未記載的。在世界的盡頭存在著未知之處，哲人亦有未知之事。」

聽完這段話，亞力克西斯陷入了沉思。多明哥則與荷西繼續說著新大陸的探險故事。

荷西聽完之後道：「真讓人意外。不過這樣的世界，聽起來好玩多了。」

多明哥道：「如果停留在舊世界，智慧的目的或許就是為了謀生跟節制。但現在有新的世界，智慧的意義也是為了發現甚至創造，發現新世界中的事物。創造自己的新天地。」

荷西向多明哥舉杯道：「你說的太棒了。」

亞力克西斯突然道：「若我只想待在原來的世界呢？」

多明哥回道：「智慧若是刻意自我設限，可就是愚蠢的自欺了。你可以不認識新的世界，卻不能否認自欺的愚蠢。認識新世界，增加自己的知識與力量，才能征服新的世界。」

「征服？」

「是的，征服。有什麼不對嗎？」

「說智慧不應自我設限或許有其道理，可是最後居然是為了『征服』？難道您不認為『征服』是種野蠻的欲望嗎？」

這次換多明哥陷入了一小段沉思，接著他回道：「我不這麼認為，欲望他從來都不野蠻。欲望是人索取生存所需之物，是生命力的展現，個體意志的象徵，這怎麼會是野蠻的呢？」

亞力克西斯嘆了一口氣道：「只考慮一個人或許如此。但只要人處在社會之中，與其他人共存，欲望就很容易成為衝突跟暴亂的根源。人與人的欲望不僅常相衝突，支配他人的欲望更是危險與邪惡。『征服』就是這樣的欲望。」

兩人的論點又再度針鋒相對，荷西不知道該說什麼。

「就算欲望會帶來衝突，征服野蠻人依舊是種好的欲望。因為我們能把福音與文明帶給這些未開化的野蠻民族。這不是對整個世界的貢獻嗎？這不是野蠻人自己做不到的事情嗎？再說探險與開墾的事，憑著自己的力量冒險犯難，難道不是一種榮耀嗎？憑著自己的雙手開墾土地，難道不值得鼓勵嗎？」

「但那些被征服的地區，被奴役的人，被侵占土地的人們又怎麼想呢？被破壞跟掠奪的寶藏，原來難道沒有主人嗎？被視為未開化的文明，難道沒有我們應該學習的地方嗎？」

「如果擔心這些，那表示你的哲學只適合野蠻人。我們是文明的使者，文明來自於建設，建設在於把原始之物轉變成更有用之物，雖然犧牲了原始之物，但那正是建設本身的目的。新的時代將要來臨了，而我們需要更多願意冒險犯難的人。」說完這句話後，多明哥看了兩人一眼。

這場對話最後誰也沒說服誰。

荷西後來加入了探索新大陸的行列，他與多明哥都死於新大陸探險的過程中。

歐洲從這時開始正式進入大航海的時代，整個西歐因為美洲大陸的探險而熱絡，思維方式也變得更積極活潑起來。不過相對於此，對美洲的原住民來說，這場探險則標誌著空前的災難。

Cibala 老師碎碎念

我們即將進入西方哲學的高峰：近代哲學思潮。近代西方哲學思潮的誕生有許多原因，不管是後期士林哲學、文藝復興運動、宗教改革熱潮，甚至是地理大發現，都為近代思想注入一股探險、創新與打破權威的力量。

這個故事希望能帶出新世界在思想上的衝擊，那是種對未知的探索，對財富的渴望，還有征服欲混合而成的奇妙氛圍。地理大發現讓古代權威經典開始失色，因為這是個從沒人發現的全新世界。

另外，這個故事也反映了一種殖民主義，一種視非歐洲地區為未開化之地的歐洲中心觀點。其實古代的羅馬帝國，甚或中國，多少都是以這種方式看著自己周圍的民族，只是這樣的想法在歐洲思想中造成更多的衝突，因為基督教以及後來的啟蒙運動都強調著每一個個體生存權利的均等。這意味奴役他人是不文明的象徵。

解決的方法就是盡可能的醜化非歐洲地區，他們越野蠻，文明就越有責任去解救他們，而不文明地對待原住民也成了情有可原。十八到十九世紀歐洲對中國與非洲的看法，十九世紀列強開始爭奪與建立海外殖民地，也與這些有關。這是值得深入思考與討論的。

哲學很有事，你也來試試

☆ 亞力克西斯提到，他從東方旅行到西方，最大的心得是什麼？

☆ 亞力克西斯提到，古代不少經典都可以推論出人類的智慧主要是用來做什麼？

☆ 多明哥一開始不同意亞力克西斯的論點是什麼？

☆ 多明哥認為在發現新天地的觀點下，人類的智慧也可以用來做什麼？

☆ 亞力克西斯跟多明哥對欲望有不同的看法，簡述之。

☆ 這兩個人針鋒相對的看法中，你比較贊同誰？

☆ 你所知現在的世界氛圍比較像大發現的時代，還是舊時代？

☆ 面對過去世界的傳統文化，你覺得應該保留嗎？

公爵切薩雷

操亦笑曰：「豈不聞兵不厭詐？」

羅貫中《三國演義》第 30 回

一五〇一年，義大利北部。

一四九三年波吉亞家族的亞歷山大六世取得教皇之職，他命自己的私生子切薩雷．波吉亞統領教皇國軍隊。一四九八年切薩雷受法國國王冊封為瓦倫提諾公爵，瓦倫提諾公爵帶領著自己領地與教皇國軍隊，在義大利各地與當地封建家族展開了生死鬥。

切薩雷公爵（以下簡稱公爵）領導的軍隊在野外紮營，敵人已經不遠，兩天內必有一場大戰。今晚剛入夜時分，公爵召了三位心腹的軍官進營帳議事。公爵道：「近日內的決戰，有勞三位了。」他取出一只精美的酒瓶道：「這是我特別為各位準備的美酒。」

隨伺的僕人為眾人斟滿酒之後，三位軍官一齊起身道：「願天佑公爵，戰無不勝。」

「願天佑教皇，天佑我軍。」公爵回道。

軍官A道：「這是我們應盡的職責。」

公爵道：「除了款待各位，三位是我最信任，也是最重要的軍官，我想推心置腹地跟你們說一些話。」

軍官B道：「公爵請說。」

「我自統領瓦倫西亞與教皇國的軍隊以來，已經過了三年。這三年間我無時無刻不在同敵手以武器與心計交戰。我知道不管在內在外，都有些我的傳言。說我不同於過去的領導者。說我是個吝嗇、殘酷、背信忘義的人。」

軍官A道：「不是的，那是他們不了解公爵。」

軍官B道：「這完全是不實的傳言，公爵是慷慨、慈愛而又守信義的人。」

軍官C道：「兩位說的是。」

公爵道：「三位真是對我最忠心的軍官了，讓我再敬三位一杯。」

三人一起舉杯道：「敬公爵。」

「其實仔細檢討起來，這些傳言也不見得全是假。我清楚自己做過哪些事，而我心中也的確有些想法存在。只是一般人若不懂我，認為我不符他的價值觀，我也不那麼在意。但三位不一樣，你們是與我出生入死的手足，患難與共的兄弟。我不吝讓三位看清我不近人情的一面，也衷心希望你們能了解我這樣做的理由。」

軍官A道：「公爵說的極是。」

「首先我要說我所做的一切全是為了國家，而且只為國家。義大利現在各處動亂，強盜與地方勢力割據，義大利人雖富有卻不強盛，就是因為分裂得太厲害所致。我決心終結亂象，時刻思考著如何才能打破僵局，邁向統一與長治久安。」

軍官B道：「公爵深謀遠慮。」

「因此，首先我必須拋開傳統的統治者常說的那些崇敬上主、推崇憐憫或美德的空話。這些話從沒經過認真思考，既無道理也無實效，最多只能充當外交恭維的辭令。在公開場合宣讀這些話，我心裡沒有任何的不安。但若是在施政或決定是否出兵時，對國家的利益不思索權衡就順著這些說法為之，便成了上天給領導人最大的詛咒。具有查驗毒藥的權力卻死於毒下，死因是愚蠢而不是毒藥。」

軍官C道：「公爵所言甚是。」

「在領導軍隊時，我拋開了一切善惡，一切傳統價值，純粹以現實衡量。如果有某個善行，照著辦就會自取滅亡，這樣的事我一點興趣也沒有。如果有些惡行採取了，就能給大家帶來安全與福祉，那我也沒必要為此感到不安。不管各位贊同不贊同，我希望你們能理解，我是以這樣的角度來思考的。」

軍官A道：「公爵的苦心我們能理解。」

軍官B道：「這不是苦心，這是智慧。」

軍官C道：「是的，這是公爵的智慧。」

「接下來我要向各位坦承，我是吝嗇的。我吝嗇是因為吝嗇對領導國家有利。慷慨者不可避免帶著些豪奢，對領導人來說，豪奢消耗的不只是他自身的財富，也是臣民的儲蓄，最後不是讓國家越發窮困，就是得給臣民加稅，兩者都只會導致不好的結果。」

軍官C道：「的確如此。」

「因此我不介意吝嗇之名。慷慨對一時有利，長久則有害。吝嗇對一時有害，長久卻有利。當人們看見由於節約的緣故，國家有盈餘能防敵入侵，能建功立業而不增稅；領導人反而變慷慨了。法王路易十二發動了許多戰爭，卻不需向人民徵特別稅，就是依靠長期節約。西班牙國王斐迪南若享有慷慨之名，就不可能完成這麼多偉業。所以吝嗇是好，慷慨是壞。」

軍官A道：「為公爵的遠慮乾一杯。」

「謝謝各位包容我的吝嗇。我曾聽見有人說，我是殘酷的。傳言說的好，說的也對，我是殘酷的，而且我利用殘酷帶來秩序，恢復和平與忠誠。曾有人問我被人愛戴還是被人畏懼好？你們猜我怎麼答呢？」

軍官B道：「依公爵的說法，自然是被人畏懼好一些。」

「非常接近了。我回答說：最好是兩者兼備；但是，兩者兼備難乎其難。如果必須在兩者間取捨，那麼，被人畏懼比被人愛戴安全得多。因為人性是邪惡的，人類是忘恩負義、是虛偽不實的，是逃避危難、追逐利益的。當可能性還很遙遠的時候，他們宣誓為你流血，奉獻財產，可是到了需要即將來臨時，他們就背棄你了。領導人如果完全信賴人們而缺乏其他準備的話，就會滅亡。冒犯自己愛戴的人比冒犯自己畏懼的人更不用顧忌。」

軍官C問道：「但如果過於殘酷，是否會遭人憎恨呢？」

「這個問題極好。當領導人使人畏懼時，也要避免被人們憎恨。要做到這點說來容易。只要他絕不碰自己人民的財產，不貪圖他們的妻女就夠了。他人財產是絕對碰不得的，因為人們忘記父親之死比忘記遺產的喪失還更快些。」

聽到這話，軍官三人笑得人仰馬翻，酒灑了一地。

「因此，我不在乎殘酷。當君主帶領軍隊時，更需要殘酷；因為如果沒有殘酷之名，他就決不能夠使自己的軍隊保持團結和踴躍作戰。漢尼拔曾率領一支由不同民族組成的大軍，在外國的土地上作戰，卻不曾發生任何齟齬。這並不是別的原因，而只是由於他的殘酷無情，他讓士兵敬畏。因此，我的結論是人們愛戴領導人，是基於他們自己的意志，而感到畏懼則是基於領導人的意志，因此一位明智的君主應當立足在自己的意志之上，而不是立足在他人的意志之上。」

「為公爵的意志乾一杯。」

「謝謝各位包容我的殘酷，我要向各位懺悔最後一件事。有人說我背信忘義，狡猾詭詐。這又說對了，我的確如此。大家都認為，君主守信，立身行事不用詭計，一本正直，多麼崇高啊！然而過去的經驗表明：建立豐功偉績的君主們卻不重視守信，懂得運用詭計，最終征服了一本信義的人。」

公爵開始敘述羅馬史與義大利史談的是君主如何不擇手段地成功，以及遵守信義者後來的慘狀。

「總而言之，領導人絕不能一本信義，反而必須強壯又狡詐。他應當同時效法狐狸與獅子。獅子認不出陷阱，狐狸則無法打贏豺狼。因此，領導人必須狡詐如狐狸以便閃避陷阱，同時又強壯如獅子，以驅趕豺狼。當遵守信義反而對自己不利的時候，領導人絕不能夠，也不應當遵守信義。契約畢竟是文字，要找些理由對文字挑三揀四，質疑其正當性，是絕對不難的。」

軍官C問道：「可是違反信義，是否會讓大家對你不再信任，長久以來反而不好？」

「這你不用擔心，人們是那樣地單純，他們乞求訂約並不是出於相信，而是受當時的需要影響，騙子永遠找得到願意受騙的人們。讓自己對大家有利，自然有人想信任你。」

「為公爵的明智乾一杯。」

「謝謝大家。」

公爵說到這裡，僕人突然端了一個木盤進來。盤子上放著一封無收件人的信，以及一把插在鞘中的匕首。他將木盤放在公爵的面前，旋即離開。

與此同時，軍官A的臉色卻變得很不好看。

「這有封信。據說士兵裡出了奸細，把情報洩漏給敵人。」公爵一邊說，一邊伸手去拿信道：「讓我看看是誰。」

接下來這幕景象委實令人驚訝，公爵開信同時，軍官A衝上前去，抄起木盤上的匕首，往公爵胸口用力戳去。但事有蹊蹺，當他握住匕首時就發現武器太輕了。匕首只有柄無刃，這是陷阱。

與此同時，公爵從身後拿出一柄短劍，毫不遲疑，將劍刃送進軍官A的身體。他一邊推開A把劍拔出，在脖子上又補了一劍。

「真可惜。」公爵邊說邊嘆道：「他是個善戰的孩子。」

「是的，太可惜了。」軍官B回道。

「千萬別走，我們還沒處理完。」公爵拿劍指著B道：「還有你。」

「我不是奸細。您一定誤會了。」

「對，你真的很容易讓人誤會。我原本也不確定你到底是不是，正反兩方的證據都有，不過他剛剛的行動已經說明了你一定是。」

「為什麼？」

「如果在場三人沒有兩個相同陣營的人，他絕不敢一開始就動手的。他打算殺了我，再跟你一起聯手殺了C。」

「不是。」B一邊後退，不過C已經擋住他後退的路。

「還要我再說嗎？你跟他眼神交會的那一刻我正盯著你們看。」

「那只是……」軍官B還沒說完，公爵快劍已經送進了他的胸口，公爵拔出劍後B倒在地上，很快沒了動靜。

B與A兩人倒在彷彿鮮紅地毯一樣的殷紅中。

公爵對軍官C道：「那些話打從一開始就是特別說給你聽的。明白嗎？」

「屬下明白了。」

「準備好出動吧！」

「出動？」

「我們現在要去偷襲敵人，我已經知道他們的位置。敵人等不到奸細密信一定很難過，等他們看見奔殺過來的我軍，就會開心了。」

公爵今夜偷襲十分成功。切薩雷公爵在戰鬥與權謀上無人能敵，只是最後敗給了運氣跟自己的身體。一五〇三年他父親過世後，同時染上重病的他開始失勢，被對手擒住關入監獄，成功逃獄後卻在西班牙戰死，死時只有三十一歲。

Cibala
老師碎碎念

這篇故事的主角雖然是切薩雷(Cesave Bovgia, 1475－1507)，但實際在背後講話的人卻是文藝復興時代的思想家馬基維利(Niccolò di Bernardo dei Machiavelli, 1469.5.3－1527.6.21)。故事中對話大多是由馬基維利的《君王論》(*Il Principe*)段落所改寫，這是本現實主義的政治著作，書中不提任何理想與神明，不恭維憐憫與德行，只討論如何在現實世界中穩固權位，操縱人心。

馬基維利生於亂世，他的故鄉佛羅倫斯戰亂不斷，各種不同的勢力相互鬥爭，爭奪佛羅倫斯的財富與權勢。馬基維利先當過共和國的高官，後來又被梅迪奇家族延攬，他不是沉思型的學者，而是不斷為實踐自己的理念奮戰的人。

實事求是、不避權謀，為馬基維利帶來兩極的名聲，有些人認為馬基維利開創了一個講真話的新時代，也有人認為他只是故意違背世俗的價值來博取名聲。不管如何，「馬基維利主義」這個詞後來卻染上貶義，成為一種為達目的不擇手段的象徵。由於他在書中十分推崇切薩雷·波吉亞公爵，使我想到可以用公爵來幫馬基維利完成他的故事。

哲學很有事，你也來試試

☆公爵說當他領導軍隊時，考量的純粹是什麼？

☆公爵如何回覆有人說他是吝嗇的？他為什麼這樣回答？

☆公爵如何回覆有人說他是殘酷的？

☆公爵認為人性是怎樣的？

☆公爵如何回覆過於殘酷會招人憎恨？

☆公爵對君主應遵守信義的看法如何？

☆公爵認為人們乞求訂約真正的原因是什麼？

☆馬基維利推行一種否定傳統價值，只看現實結果的價值觀，你認為呢？

☆你覺得馬基維利對人的看法偏向負面，他說人類是忘恩負義、容易變心的，是偽裝者、是逃避危難，追逐利益的。你贊同嗎？

☆你欣賞公爵這樣的人嗎？你覺得領導者是不是非這樣不可呢？

烏托邦

貪財是萬惡之根。

《聖經・提摩太前書》第 6 章第 10 節

一五〇八年，英國近海。

年輕的律師湯瑪斯．摩爾，正利用乘船空檔構思一名竊盜犯的訴詞。這必須十分謹慎，因為當時法律允許對竊盜犯求處死刑。

「為什麼竊取財物要以靈魂來抵償呢？法律真的沒問題嗎？」摩爾自言自語道。

摩爾是個悲天憫人，特別同情窮人的律師。他深知貧窮者環境艱苦，易受誘惑，又易被壓迫。他常免費為窮人辯護，年輕律師在工作上表現得無懈可擊，卻沒想到乘搭的船會遇上意外事故。

船在觸礁後沉沒，摩爾幸運搭小船逃出，最後在一個小島靠岸。靠岸時，剛好遇見一位在海邊工作的青年，青年試著用英文和法文與他溝通，而這兩種語言他都會。

青年對他說：「歡迎來到烏托邦。」

「烏托邦？」摩爾從來沒聽過這個名字。

青年為他引路進城，路上摩爾得知烏托邦是一百多年前一群躲避英法百年戰爭的英國人與法國人一起移民建立的國家。海水潮流的改變讓他們與世隔絕，遠離戰爭，遺世而獨立地生活。

映入摩爾眼中的烏托邦城市乾淨整齊，到處是大小樣式相同的房屋與花園，同寬的筆直道路，甚至連人們衣著的款式也相同（共四款，男女各兩款，年輕與成年各一款）。青年看出他的驚訝，笑道：「烏托邦人衣服的款式相同，就是為簡單舒適。比起衣裳我們更注意人的思考。」

摩爾回道：「十分睿智。」

談笑間兩人已來到烏托邦的行政事務處。負責接待外賓的官員名叫拉斐爾，四十多歲年紀，蓬鬆的鬍子，眼神充滿善意。了解狀況之後，拉斐爾熱情地握著他的手道：「是的，摩爾先生，我們可以幫助你。我們會準備一條能航行到附近港口的船，只需要一些時間。」

「多謝各位。」

摩爾向拉斐爾解釋了英法兩國現況，對百年戰爭的結束，雙方都表示欣慰。

拉斐爾道：「我在想，或許可以跟你介紹一下烏托邦，這絕對是你從未見過的特別國家。」

摩爾笑道：「我剛在路上已經看到了從未見過的景象。」

拉斐爾道：「衣服跟房子嗎？那些只是表面。或許你很難相信，烏托邦的法律很少，島上卻幾乎沒有犯罪。」

「沒有犯罪」引起了摩爾的興趣，他回道：「請一定要與我分享。我是個律師，非常關心犯罪的問題。」

「原來您是律師！怪不得對政治社會這麼了解。」拉斐爾大笑道：「那真得向你請教了，我也想了解英國現在的法律。」

他們聊了些英國的法律，不過摩爾很快把問題帶回到烏托邦本身之上。

摩爾道：「身為律師，我了解貧窮與犯罪的關聯。窮人往往更容易被犯罪引誘，更容易被懷疑，也更難洗刷自己的冤屈。烏托邦有辦法打斷這兩者的連結，讓窮人遠離犯罪之路嗎？」

「你的觀察很正確。不過烏托邦也無法破壞這兩者的連結，卻反而利用連結來解決問題。」

「利用連結來解決問題？那是什麼意思？」

拉斐爾以一種驕傲的語氣道：「烏托邦解決了貧窮問題，讓貧窮消失，因此，犯罪問題也隨著貧窮的消失而解決了。」

「讓貧窮消失？貧窮自古以來就是世界的一部分，我沒辦法想像它的消失，請問這是怎麼做到的？」

「說穿了也很簡單，解決犯罪問題的關鍵是烏托邦不使用金錢，而且不只金錢，也沒有任何私有財產。金錢只是私有財產的一種，在烏托邦每個人完全沒有私有之物，一切的一切，都屬於所有人，而且與所有人共享。」

摩爾忍不住重複道：「一切的一切，都屬於所有人，而且與所有人共享？」

拉斐爾道：「是的，在烏托邦所有人一起工作，一起享受工作的成果。餐廳供應島上所有人食物，衣服、工具與家用品由國家供給，隨時可以領取。沒有理由囤積貨品，因為每個人都有，也無法交易。房子是共有的，大家樣式一樣，不用裝飾自己的房子，因為每兩年就會抽籤交換。所有需要在這裡只要被提出，就會被供給。只要有生產，就會分給所有的人，島上一切共屬於所有人。」

摩爾道：「我無法想像沒有私有財物的生活。可是，取消一切私有財產，不會太極端了嗎？」

拉斐爾回道：「看來極端，但有其理由。如果每個人能絕對占有自己取得的財物，那麼不管物資多麼豐富，只要被少數人所占據，總是會有人貧窮。只要貧窮者與富有者對立，社會衝突就不會消失。但假使沒有金錢，沒有私有物，獨占的悲劇不但不會發生，連社會內部的對立也都消失了。這不是一舉兩得嗎？」

摩爾道：「或許有其好處，可是沒有私有財產的生活不會很麻煩嗎？」

拉斐爾回道：「麻煩？財產也很麻煩，想想在我們的生命中，金錢帶來多少的鬥爭與煩惱啊！既然無法使用金錢，與之相關的鬥爭與煩惱也就消失了。財產既然消失，欺騙、偷盜、搶劫、詐騙、謀害、恐嚇這些在英國每天只能懲罰，卻從來都不會消失的罪行，也就自然消失了。因財產而來的貪婪、恐懼、焦慮也隨之而去。這樣你說的麻煩，難道不值得嗎？」

這想法對摩爾還是衝擊太大，他問道：「可是如果沒有私有財產，會有人願意工作嗎？」

拉斐爾道：「會的，人類是群居動物，合作是我們的天性。烏托邦中每個成人都具備基礎農業知識與手工藝技能。成人不分男女、身分或信仰，每日工作六小時，只要是成人就得勞動。工作首要目標是供食用的農產品，接下來才是各式各樣手工藝產品。」

摩爾回問道：「這樣子的生產力足夠嗎？」

「就實際經驗來看不但足夠，而且有餘。我們也善於使用工具與機械來提高效率。聽說在英國、法國或一般的國家，有很多人不用親自工作，因此毫無產出。或許這是你認為生產力總是不夠的原因吧！」

「或許吧！」摩爾想到在英國，大批貴族、教士跟富人都不必工作。他很難否認這跟整體生產力相關。

「當幫助別人時，不代表我們就得苛待自己。烏托邦已經發展出一個實例，號召人人相互幫助，以達到更高品質的生活，這並不違背反而是發揮我們的天性。」

摩爾道：「你們的經驗也許成功，但廢除私有財產還是過於極端。畢竟一般人都想要累積可支配的財物。或許我們可以更注意讓財富平均，例如讓有錢人付更多稅金，讓貧窮者獲得社會的幫助。這些都有助於減緩貧富不均帶來的病症。」

拉斐爾嘆道：「是的，這樣做病症的確會減輕。然而只要每個人是自己財產的主人，徹底恢復健康就是無望的。當你專心於某一局部治療，卻會加重其他部分的病情。這好像你治好甲的病，乙又會轉而生病，原因是所有給予甲的都是取之於乙。私有財產不廢除，世界資源就不可能平均分配，人類也無法獲得幸福，因為人類一大部分將背負上貧窮的擔子，小部分富人也只能享受膚淺的快樂。」

這話讓摩爾無言以對，就他所知富人會想辦法干預政治來保衛財產，而國家卻更需要有錢人的經驗與支持。但他很快想到新的問題，於是問道：「烏托邦不使用金錢，所以也無法與其他國家貿易往來了？」

拉斐爾道：「這倒不一定，過去烏托邦曾與周圍海島往來。烏托邦不使用金錢，卻擁有金銀，這裡雖不大，但也有自己的礦場。金銀既無法在交易中使用，便權充金屬。」

拉斐爾拿出了一副閃著金光的手銬道：「金銀不如鐵輕韌，所以最常被拿來做刑具與便器。烏托邦與外國交易時就可以直接拿出金銀，因為這些在國內一點價值也沒有。」

摩爾道：「可是自給自足的烏托邦還能向外國購買些什麼呢？」

拉斐爾道：「安全與傭兵。烏托邦的人民厭惡戰爭，戰爭是野獸的行為，只適宜於未開化的野蠻民族。烏托邦不願意國民犧牲，願意用囤積的金銀雇用傭兵。不過後來因為海流的關係，烏托邦很難遇上船隻，這方面的問題也就少了。」

「原來如此。」摩爾目前所聽聞烏托邦的一切，遠超出他所認識的任何國家。他認真思考後，發現有個問題不得不問：「可是烏托邦既不累積財富，也不把戰爭擴張當作目的，這樣的國家究竟為什麼存在？」

拉斐爾露出了自信的笑容，答道：「那還用說！國家的存在，是為了提供人民舒適的生活與閒暇。烏托邦憲法規定，人民應在公共需要的時間內進行體力勞動，但也需要保留時間給每個人民精神上的自由，這才是人生的快樂。國家的存在就是為了每一個國民的自由與快樂。摩爾先生，在英國也是這樣嗎？」

摩爾思考著，英國存在的目的是為了每個國民的自由與快樂嗎？英國政府的存在或許不是為了虐待人民，但若說國家的目的是為了讓人民自由快樂，這可是個大問號。

他搖了搖頭嘆道：「我不知道。」

摩爾在烏托邦生活了幾天，當人們幫他準備好帆船時，要求摩爾離開後不要透漏烏托邦的資訊。摩爾信守承諾，烏托邦因而能遺世獨立地生活。

摩爾回到英國後積極投入政治活動，在一五二七年成了最高大法官，這是當時英國除了英王之外的第一號要人。可惜在一五三五年，他因為反對亨利八世兼任英國教會的首腦，被國王處死。

Cibala 老師碎碎念

本故事主角是英國文藝復興時期的思想家湯瑪斯・摩爾(Thomas More, 1478.2.7－1535.7.6)，他有本叫《烏托邦》(*Utopia*)的書，訴說著一個假想的共產社會的故事。本故事改寫自《烏托邦》，只是把描述烏托邦的拉斐爾・西斯拉德變成摩爾的接待員而已。

《烏托邦》是本社會主義巨著，其中對於貧窮、犯罪與國家關連的觀察十分有趣。這算是這個故事的主軸，貧富不均一直與治安問題相繫。書中也反映了摩爾的理想政治，比如說國家的目的是為了保證個人精神的自由與快樂，這是非常不合時代的，當時國王多半以武力擴張為王國要務。

湯瑪斯・摩爾耿直不屈的個性為他招來殺身之禍。當時天主教會握有神聖婚姻（合法繼承人）的權力，亨利八世想與妻子離婚，迎娶名媛安妮・柏林為后，但不為教會所允許。為此亨利八世不惜與羅馬天主教會決裂，操縱國會通過一系列的法案，宣布英王才是英國教會的最高首腦。湯瑪斯・摩爾因為不承認英王在教會事務上的權威，被控以叛國罪處死。一八八六年，天主教將湯瑪斯・摩爾封為聖人。

哲學很有事，你也來試試

☆烏托邦真正能引起摩爾注意的原因是什麼？

☆烏托邦解決犯罪問題的關鍵是什麼？

☆當摩爾問拉斐爾，取消私有財產的生活不會太極端嗎，拉斐爾怎麼回答？

☆當摩爾問拉斐爾，沒有私有財產的生活不會很麻煩嗎，拉斐爾怎麼回答？

☆當摩爾問拉斐爾，沒有財產人們會去工作嗎，拉斐爾怎麼回答？

☆文中提到烏托邦會使用到金銀的狀況是什麼？

☆烏托邦認為國家存在的目的是？

☆你覺得廢止私有財產，犯罪就會消失嗎？為什麼？

☆關於「貧富不均」這個現象，就你所知，你覺得嚴重嗎？舉些簡單的例子解釋。

☆坦白說，如果沒有錢，你會工作嗎？又你覺得大多數人會因沒有錢而工作嗎？

綁架馬丁・路德

不自由，毋寧死。

美國革命家　派屈克・亨利

一五二一年，神聖羅馬帝國沃木斯附近。

黑衣客康傑在林間隱匿處靜靜等待，他受託綁架一位要人。透過望遠鏡康傑看見五名衛兵加上目標的六人隊伍，他仔細觀察衛兵武裝與走路的樣子，放心了一半。他檢查了一下塗有麻藥的箭與十字弓，一面專門衝撞的鐵盾，增重的鐵頭軍鞋。

今天他不打算殺人，但難度比殺人高出許多。隊伍越走越近，卻無人發現他。康傑以十字弓瞄準領頭衛兵，屏息等待直至足以穿甲的距離，扣下扳機。嗤的一聲，領頭衛兵中箭倒下，疼痛讓他起不了身，麻藥則會解決剩下的事。康傑接著舉鐵盾往隊伍直衝，速度驚人，第二位衛兵還來不及反應，胸口就挨了一記鐵盾衝撞，痛得他翻倒在地。

康傑一邊牽制剩下的三名敵人，一邊以鐵頭軍鞋踢暈倒地者。三名衛兵已經站好位置，前排兩人持劍左右圍攻康傑，後方一人取出十字弓瞄準，三人形勢原本大好，卻因後方衛兵過於緊張，十字弓沒瞄好就發射，被鐵盾擋開。康傑見機不可失，快劍砍向右方衛兵。衛兵持劍回擊，卻不敵康傑快劍，第三劍被康傑刺中手腕，長劍脫手。左側衛兵雖同時以長劍夾擊，不過角度不佳，被鐵盾擋了下來。

長劍方才落地，右方衛兵就被快腿鐵鞋踢中腹部，整人往前跪倒下，疼痛加麻藥讓他無法再戰。剩下兩人，後方衛兵還在裝弩箭，康傑壓低身體面對左側衛兵，一個轉身擋開來劍，下一秒劍尖就準確地刺入對手腿甲間隙。痛楚讓衛兵蹲低，康傑將盾當鐵鎚砸向對方頭頂，再擊昏一人。

拿著十字弓的後方衛兵，面對瞬間撂倒四人的康傑，完全失去了鬥志。弩箭還沒射出，十字弓就被康傑打得脫手。衛兵拔出劍來抵抗，不過過不了三劍就被擊暈。五名衛兵全數倒地，無人能起身。

康傑走近臉色發白的貴賓，貴賓努力維持站姿的挺直，顯示他的無懼。

康傑對他說：「久等了，馬丁．路德大人。」

馬丁．路德回道：「你是誰。如果要殺我，請留下名字。給臨死的我最後一點尊嚴。」

康傑道：「路德先生，您誤會了。我叫康傑，是腓特烈親王安排來救您的。他知道此行有危險，又無法阻止，只好派我來綁架您。這裡有他的親筆信。」

路德與親王熟識，仔細檢查了筆跡與印信，發現信的確出於親王之手。內容也與康傑所說的一致。

利用空檔，康傑從領頭衛兵身上，搜出要求殺害路德的密信與酬金。路德見了證物嘆道：「沒想到居然是這個樣子。」

康傑道：「您的性命可值錢了。」

「可是為了我，居然死了這麼些人。」

「他們都只是昏過去或麻痺。我如果要動手殺他們，應該用不到一半的時間。」

路德看一看地下躺著的人，的確還有呼吸，便道：「那我現在該怎麼辦？」

康傑道：「跟我走，我會保護您直到安全之地。」

兩人走進森林，不久來到一個已經預先屯好物資用以藏身的山洞。

「我們今晚在這休息，明天趕路。」康傑邊說邊升起火來。

「謝謝你，康傑先生。」

「路德先生，除了受人之託，我也是明事理的人。您的死可是世界的損失。我雖然是無神論者，卻也知道這幾年的大事。」

「無神論者？」路德十分驚訝，這時期歐洲幾乎所有人都是基督徒，眼前是極少的特例。

康傑道：「列出教會九十五條罪狀，反對教會出售贖罪券，批評主教的貪婪的惡行。我十分佩服您的勇敢。」路德之舉讓整個歐洲沸騰了起來，自然也帶給他極大的危險。

路德道：「這不是出於我自己，乃是上帝成就大事。教會若不是把自己抬到比眾人更高的位置，也不會做出出售善功給人贖罪這麼荒謬的事情來。這都是因為『驕傲』。基督徒原本應該是世界上最謙卑的人，教會現在卻是無比驕傲。」

康傑道：「是的，人權位越高越容易驕傲，越目中無人，您說是嗎？」

路德回道：「我同意，但我擔心的還不止於此，我更擔心『組織本身』的驕傲。教會的驕傲不只來自於高層個人，還來自於這個組織本身。教會組織的權力不斷擴張，甚至連信仰是否純正都得由組織開會決定，但諷刺的是，我們每個人都是單獨面見上帝。」

「我是無神論者，所以有些不懂您的意思。」

「既然康傑先生是無神論者，我就舉非信仰的例子。康傑先生想必有自己想要的生活吧！先把這稱為『你的幸福』。你覺得『你的幸福』是什麼呢？」

康傑不假思索道：「我的幸福是自由自在的生活。想去哪就去哪，想留下就留下。」

路德笑道：「康傑先生真是隨性的人！假設今天有個組織告訴你，你的幸福不是這個，而是盡早結婚，生養六個小孩，你覺得如何呢？」

康傑回道：「這不可能，我很清楚不是這樣。」

「假設這組織強調，他們觀察過你的個性與背景，考察了很多可靠的資料，對比了很多與你類似的人，才得到這可靠的結果。你會怎麼回應呢？」

「我想他們真的多慮了，我的幸福由我個人來決定。」

「這就是了。就跟『幸福』一樣，對基督徒來說，他的『信仰』也是由個人與上帝的關係來決定，而且完完全全只由個人與上帝來決定，這就是我說每個人是單獨面見上帝的意思。信仰不該由任何組織商定，不管該組織由多麼高貴的人組成都不行。向組織問信仰，就好像向盲人問眼前的畫一樣荒謬。我也贊同個人幸福由個人決定，因為這來自於上帝賜給我們的靈魂，任何旁人都不能插手。靈魂可以與上帝建立關係，可以決定自己的幸福。由組織來決定這些根本就是不可能的。」

「我似乎有些懂了，只是沒想到原來是這樣。」

路德繼續解釋道：「也因為如此，我反對教會或神職人員高於信徒，信仰中每個信徒都是同等地位的祭司。贖罪券不可能有效，上帝是每一個個人的救主，我們是憑著自身的信心得救。」

康傑回道：「我滿贊同您所說的這種精神，我也不認為組織能決定一切，有人批評我不合群，甚至說我只是『任意妄為』。」

「我想不是，『任意妄為』出於盲目的衝動，康傑先生卻不吝於思考。或許這應該叫做『自由』。」

「自由？」

「憑著個人自身的意志，思考而後行動，既非出於壓迫，也非礙於盲目，這就是『自由』了。信仰也需要這樣的自由。不是出於自由的信仰，跟不是出於自由的生活一樣，都是虛假的。」

「這還真有意思，路德先生，這些是您自己想到的嗎？」

「不，這是自由的我在真誠祈禱中得到的。自由讓人真誠，真誠讓人更容易發現錯誤與無知，更容易因修正而進步。」

路德說到此處，感覺整個人發亮了起來，康傑回道：「我沒想過這麼複雜的事。」

路德道：「這只是你沒意識到罷了，康傑先生之所以能武藝精湛，也是因為是個真誠的人，才能不斷修正錯誤讓自己成長，難道不是嗎？」

康傑回道：「路德先生，雖然我是無神論者，聽見您的分析，反而對宗教十分羨慕呢！不過我們恐怕沒辦法繼續談話了。」康傑對路德比出安靜的手勢，然後伏在地下，把耳朵貼緊地面。

康傑小聲地說：「我們被出賣了，有隊追兵。等下您就往洞穴深處走，沿著洞穴水流方向前進，會到另一個出口。之後往月亮落下方向走，一天後會到一個叫瓦特爾堡的城鎮，在那找一個叫橋頭湯米的人，他會負責您的安全。」

路德起身回道：「那你呢？」

「我得留下斷後。對方人手太多，等到了空曠之處，我就沒辦法應付這麼多人了。跟著水流走，要有信心，上帝不會讓路德先生在這裡喪命的。快走，我得動手了。」

「我會為您祈禱的，願上帝賜福與您。」黑衣客康傑全副武裝往洞口走去，路德則順著水流走，不久路德身後傳來兵刃相接之聲。

路德找到洞穴出口，月光下出洞的水已成一片殷紅。一天之後，路德順利地到達瓦特爾堡，逃過了這次追殺。路德後來領導宗教改革，成功地建立了新教，也為歐洲的思想與未來開創了新局。

Cibala老師碎碎念

本篇故事主角是馬丁・路德（Martin Luther, 1483.11.10－1546.2.18），宗教改革主要發起人，新教信義宗的創始者。一五一七年十月三十一日路德在薩克森教會前貼出九十五條論綱，要求教會以公開辯論回應，西方近代的宗教改革就此展開。

宗教改革在當時的歐洲引起很大的迴響，不管是國王、貴族、神職人員甚至平民百姓都被捲入這場思想變革之中。宗教改革也帶來了戰爭，例如由神聖羅馬帝國內戰引發，最後捲入整個歐洲的三十年戰爭，對歐洲國家的勢力分配有非常大的影響。宗教改革中誕生的新教開始慢慢形成一種新的文化與意識形態，這甚至透過殖民影響到美洲的發展。

本故事改編自馬丁・路德的經歷。馬丁・路德從一五一七年開始在不斷的辯論中慢慢形成了「因信稱義」、「信徒皆祭司」等思想，並與羅馬教廷完全決裂。在一五二一年路德前往沃木斯議會中被判為異端，但薩克森領主腓特烈親王（1503.6.30—1554.3.3）為了保護他，派人綁架並將他藏匿在瓦特爾堡，故事就是改編自這一段。

本篇刻意將路德推向一種「個人主義」、「自由主義」，甚至是「存在主義」的論調，筆者認為，「信徒皆祭司」把對神的信仰轉變成個人與上帝的關係，不需要由任何組織來保證。這種對個人精神力量的信任，一直到今天的影劇或文學中還是有趣的題材。

康傑是筆者好友的名字，我所有奇幻類未出版的寫作中都用這個名字當作主角。希望我有一天也能出版這些故事。

哲學很有事，你也來試試

☆路德認為教會做出賣贖罪券這種荒謬的事是因為什麼？

☆路德說比起掌權者的驕傲，他更擔心的是什麼？

☆路德認為一個人的信仰，應該是由什麼來決定？

☆路德認為一個人的幸福應該由什麼來決定？

☆馬丁路德如何解釋「自由」？

☆路德為什麼認為真誠是好的？

☆路德覺得一個人的幸福，應該完全由他自己來決定，任何旁人都不能插手，你能接受這種觀點嗎？

☆一個人被允許做任何他想做的事，就叫做自由嗎？

☆如果一個人染上了毒癮，又可以任意吸毒，這樣算是自由的嗎？

☆你覺得你是自由的嗎？有哪些不自由的地方嗎？

囚犯布魯諾

真理是時間的女兒。

義大利博學者　李奧納多・達文西

一六〇〇年，威尼斯監獄。

一名高個細瘦、相貌斯文的男子，被兩名獄卒粗暴地押進牢房裡。牢房裡原本就有個名叫馬西利諾的男子。

獄卒大聲道：「你們兩個注意，打架就兩人都沒飯吃，了解嗎？」

「了解。」馬西利諾回道，他體驗過飢餓的痛苦，所以立刻回應。

「知道最好。」獄卒道：「布魯諾，我不知道你犯了什麼罪，不過在這裡你一樣得遵守規矩。」

布魯諾沒答話，找了個角落盤腿坐下。鐵門無情的關上，牢房裡只剩下囚犯。

馬西利諾被單獨關在牢房裡已經一個月了，附近恰巧沒人，讓他悶得慌。布魯諾進來後，他總算有個對話夥伴。馬西利諾主動打破沉默，對布魯諾道：

「老兄，你犯了什麼罪？」

布魯諾沒有回答。

「別這樣，我在釋出善意耶！偷竊？搶劫？扒手？」

布魯諾還是沒回答。

「老兄，這裡時間長得很。我建議你還是跟我說說話吧！等他們把你關到單人房，你想說話都沒人呢！」

「你如果知道我為什麼被抓進來，恐怕就不敢跟我說話了吧？」布魯諾回道。

「哪可能！別看我只是個扒手，我見過大風大浪。我兄弟中大盜刺客也不少，哪會被罪犯嚇倒？快說，你是因為什麼被抓進來的？」

布魯諾道：「我是被異端裁判所抓進來的。」

「什麼？」馬西利諾突然後退了一步，露出驚恐的表情道：「異端裁判所？」

布魯諾笑道：「怎麼？不繼續聊天嗎？不是經過大風大浪嗎？」

馬西利諾退到牢房另一邊的角落，口中唸唸有詞。在當時，進異端裁判所是魔鬼的象徵，比罪犯還可怕，因為接觸魔鬼會被判下地獄。

再過了好長一段時間，馬西利諾對布魯諾道：「所以你到底是人還是魔鬼？」

布魯諾回道：「魔鬼會被兩個獄卒捉住關起來？」

「也許他們用法器之類的制住你。」

「剛剛獄卒連我犯了什麼罪都不知道，你覺得會這樣嗎？」

「所以你是人？」

布魯諾點點頭。

馬西利諾稍稍鎮定後道：「嚇死我了，我以為我跟魔鬼關在一個牢房裡。是人就好。」

「你不怕異端思想嗎？」布魯諾回道。

「異端思想？那是什麼意思？」

「就是違背教規或常理的想法。」

「怕一種想法？這有什麼好怕的？你說了又不一定對。你說了我也不見得就要相信，不是嗎？」

布魯諾聽完這話，突然仰天大笑了起來。

馬西利諾緊張地道：「笑什麼？你不會魔鬼上身了吧？」

布魯諾笑道：「不是，我大笑是因為發現紅衣主教的頭腦還不如威尼斯扒手清楚。你說的沒錯，即便我散布某種想法，我不一定對，別人也不見得要相信。只是主教們忍不住，他們恨不得控制每個人的思想，操縱每條靈魂。抓我只因為我的想法與他們不同。」

「所以你只是想法不同？」

「如你所言，他們還怕我散布這些想法。」

「那千萬別告訴我，萬一他們也因為我有這想法，就把我關起來那可怎麼辦。」

「這倒不會，他們關我還另有原因。因為我不願意承認自己是錯的，不肯妥協保密。」

「承認自己是錯的有什麼難？我可以為了任何利益承認錯誤。」

「這就是你不會因思想被抓，而我卻在這裡的原因。不願認錯是我的選擇，若是以你的明智，即使聽過，也不會因此而被審判。」

「這當然。」馬西利諾心想在監獄最討厭的就是無聊，有人願意說話解悶自然最好。況且布魯諾的說法也引起他的好奇，是怎樣的想法以至於被判犯罪呢？神父盤問只要流點淚認錯就好了，很好打發。於是道：「到底怎麼一回事，你可以說，我不會告訴任何人。」

「好。」布魯諾露出了一個神秘的笑容，然後道：「故事得從天文學中的『日心說』說起。」

馬西利諾問道：「等等，『天文學』是什麼？」

布魯諾發現對方沒受過教育，開始耐心解釋道：「『天文學』是觀察跟研究天體的學問，不管是白天的太陽還是晚上的星星，只要在天空中運動的東西，我們都叫『天體』。」

「天空中運動？那鳥算嗎？」

「鳥是動物所以不算，天體是離我們更遠，在天空中運動卻從不落地的永恆物。想想若你往天上丟塊石頭，石頭會怎麼樣？」

「當然會掉下來囉！不然難道會飛？」

「是的。不過我剛剛說的天體，有些是由岩石組成的，巨大岩石每天在你頭上規律的飛行，卻從來沒掉下來過，你不會好奇嗎？」

「真的假的？那些是石頭？」

「用一種叫望遠鏡的東西就能看到月球上面的山脈。這些巨大的星體在遙遠的天空中飛行，卻從來沒掉下來過。」

「這實在太神奇了。」

「對天體的研究一方面出於好奇，一方面也跟曆法或航海有關。總之，天文學就是研究天體的位置、運動、組成、特性等相關的學問。」

「所以你們知道它們為什麼不會掉下來了？」

「目前只有概說，進展並不如想像快速，這陣子最大的進步就是『日心說』。」

「就是你一開始說的那個。」

「是的。由哥白尼修士提出的學說。依地球上的我們所見，天體都繞著地球轉，這叫『地心說』。『日心說』則是說天體運動來自於地球本身的旋轉與運動。我們所住的地球，是一個不斷繞行太陽，自身還會不斷旋轉的球體。」

「可是我們看到的，不是這樣啊？」

「想像一下。你坐在馬車上，專心看近處物體，會覺得物體向後飛去。」

馬西利諾想起類似場景，於是回道：「好像是這樣。」

「那就是我們看見太陽、月亮以及所有天體移動的原因，是地球本身旋轉，讓天體看起來像在移動。」

「地球本身旋轉？若是那樣，為什麼我們感覺不到地球本身的旋轉？」

「當馬車剛開動時，我們會從不平衡感受馬車在移動。但等車子平穩行駛後，我們便不再感受到馬車本身的移動，甚至能在車上入睡。」

「是的，的確會如此。」

「相同道理，因為地球一直平穩地轉動，所以我們感受不到。以太陽為宇宙中心，才能有系統地解釋行星的軌道……」布魯諾開始向馬西利諾解釋行星運動，他的解釋深入淺出，配合圖形，很快就讓對方理解。

「我不敢相信我聽得懂這些。」馬西利諾語氣中的敬佩又增加了。

「每個人都有理性天賦，只是環境讓你沒機會發揮。日心說是天文學的重大發現，哥白尼修士卻迫於教會壓力，以低姿態發表這學說。」

「為什麼？我不懂為什麼教會要壓迫這學說。照你的解釋，這不過就是解釋天體移動的理論。理論中沒提到異教神，也沒提到縱欲。」

「正中紅心！」布魯諾開始激動起來，他道：「沒提到任何的神明、教規甚至縱欲的天文學理論，卻挑戰了教會的世界觀。」

「這是什麼意思？」

「解釋前讓我先講個故事。從前有四個盲人沒見過大象，很是好奇，有位好心的國王想滿足他們的好奇心，於是準備了大象讓四人摸摸看。第一位摸著大象的鼻子，於是認為大象長長像隻大蛇。第二位摸著象耳朵，就說大象平平像把大扇子。第三位摸著象腿，認為大象是根粗壯的柱子。第四位摸著大象肚子，便說大象厚堵堵如一堵牆。他們四個人爭吵不休，都宣稱自己是親手摸到的。」

「這四個人太蠢了，他們都只摸到了大象的一部分。」

「是的，我們對世界的了解也是如此。宗教建立時代對世界認識的不足，影響了教會的世界觀。這世界觀是以我們腳下的大地為中心，天堂在上，地獄在下，日月繞著大地而轉。可是事實上，地球只是繞太陽的星球之一。地球不是宇宙中心，這跟瞎子摸象一樣，是資訊不足導致的錯誤。」

「我似乎有些理解了。」

「《聖經》沒有明說除了地球之外有沒有別的世界，但教會的世界觀的確認為地球是特別的。日心說讓我們切換到另一個觀點，也許我們居住的世界不是特別的，甚至我們也不是特別的，地球以外可能還有很多個世界，除了我們以外還有許多一樣能思考有智慧的生物。」

「有可能有，但我不知道。」

「我相信有，這就是我的信念。異端裁判所控告我的罪名是相信存在多個世界，認為教會所在之處只是諸多世界之一。我雖然無法確定是否每個世界都有神的概念，但神的概念絕不會像現在這樣毫無爭議。遙遠的美洲跟亞洲有著不同膚色與世界觀的人們，更遑論地球以外的宇宙。當知道越多，就越不會把唯一的神、唯一的教會、罪惡、贖罪、天堂、地獄這些看成理所當然。我們要掙脫教會世界觀對我們的限制。」布魯諾越來越激動。

「我不反對，掙脫限制是好的，但有必要為此堅持而犧牲嗎？」馬西利諾道。

布魯諾正色道：「這是身不由己的。時代巨輪開始轉動了，能參與轉變早已萬幸，代價早已在預料之中。我願意為時代變化而犧牲，站在這改變的一刻，我的處境倒跟當初的耶穌有點像了呢？」

在馬西利諾刑期滿的那天，沒有人多問什麼，放任他離開了。出獄後的他想法變了，不再只貪圖眼前的利益，轉入正經的行業。

至於布魯諾，因為堅持自己的想法，終不妥協，被處以極刑。他在羅馬的鮮花廣場被火燒死，今天該廣場仍保留著他的銅像。

Cibala 老師碎碎念

這次故事主角是布魯諾 (Giordano Bruno, 1548－1600.2.17)，十六世紀末的一位思想家。有種說法是哥白尼 (Nicolas Copernicus, 1473.2.19－1543.5.24) 因主張日心說而被教會燒死，這種說法是錯誤的。哥白尼的日心說的確遭到教會壓力，但他並沒有為此殉道，真正因為這個學說，以及一些胡鬧的危險論點被燒死的人是布魯諾。我們錯把布魯諾的結局接在哥白尼的故事上。

布魯諾是西方進入近代前的神學家、思想家。當時學問分科並不如今天這麼細密，學者多半涉獵各科，從神學、科學到文學都不意外。布魯諾是位接近於自然神論的思想家，他認為哥白尼的日心說帶來了世界觀的轉變：遼闊的宇宙中，可能存在著許多個世界，甚至許多個我們，也因此即使有所謂真神創造了宇宙，也不會如教會所說那樣獨獨愛著太陽系第三行星上歐亞大陸西側的歐洲人。

本故事側重這點，希望能讓大家感受到，天文學革命帶來的可能變化。這種世界觀的轉變是很有意思的。想想在日常生活中，繁忙的我們也可能總是以自我為中心思考著，有時難得窺見事實全貌，若退一步以全局來思考，也許能看見完全不同的景緻。

哲學很有事，你也來試試

☆布魯諾是被什麼組織抓？又是因為什麼而被抓？

☆什麼是「日心說」？

☆布魯諾如何解釋我們感受不到地球本身的轉動？

☆布魯諾在文中說了一個關於動物的故事，用一句話簡述之。

☆布魯諾認為教會之所以懼怕「日心說」的理由到底是什麼？

☆異端裁判所控告布魯諾的罪名是什麼？

☆布魯諾在故事的最後調侃自己的處境跟誰有點像了？

☆言論與思想的自由，你覺得應該被保障嗎？

☆在我們所處世界地球以外，你認為還有其他有智慧的生物嗎？理由？

☆你願意為了利益承認自己的錯誤嗎？你覺得這樣好嗎？

培根的晚宴

知識就是力量。

英國哲學家　法蘭西斯・培根

一六二五年十二月，倫敦。

大雪紛飛，雪飄如絮，大地被染成一片銀妝素裡。倫敦平民區的一棟小房子裡，今晚有場敘舊的宴席。

兩位英格蘭的貴族共進晚餐，一位是法蘭西斯．培根子爵，另一位是亨利．沃登子爵。培根子爵臉尖瘦細長，年約六十，鬍子花白，樣貌憔悴。沃登子爵臉型圓潤，較好的氣色讓他看來年輕許多，但事實上他們年紀相去不遠。

兩人桌上菜色相當豐盛，有香料燉豬肉、焗蔬菜、菜肉濃湯、胡桃麵包以及葡萄酒，相對於此，傢俱與餐具簡單樸實，可見主人對晚餐準備的用心。溫暖燭光灑在兩人的臉上，這是一對多年的好友，他們舉杯互敬，開始了一場愉快的談話。

「我想……」主人培根道：「大家都老朋友了，這場晚餐就省了『大人』這個詞好了。」

「唉……阿爾班大人，我還是很難接受朝中沒有您，在這場政治鬥爭中先王選擇犧牲您，我還是覺得有點……」沃登頓了一下，沒說出來，畢竟在這個時代，批評國王是很嚴重的事。只是面對好友，仍想替他說句話。

「那就別說了，今天聊天就好，談談生活，不談別的。我再強調一次，我們可以省掉『大人』這些官話了嗎？」培根回道。

「剛剛是我的錯。」沃登邊敬酒邊道：「培根先生，新書完成了嗎？」

培根笑道：「一開口就給我壓力嗎？」

「因為大家都在期待您的新作品啊！」沃登回道。

「坦白說，共六部的書才寫到第二部。」培根回道。

「過程順利嗎？」

「託您的福，創作過程令我的精神十分愉快，雖然物質生活有限。」培根失去工作多年，經濟狀況也慢慢變差。

「還過得去嗎？明天請僕人帶些麵包與醃肉給您。」沃登回道。

其實為了這頓晚餐，培根已經將這週的飲食費用盡了。他打算明天出門借錢，不過今晚的大雪看來可能會持續幾天。這對年老的培根來說，實在是無法負荷。

「再感激不過了。」培根頭低了下來，他不情願接受救濟，但又不得不如此。

貼心的沃登將話題轉回到書上：「大家都在討論，您的著作可是獨一無二的偉大作品。」

想到書，培根開懷了許多，笑道：「感激各位厚愛，不過這本書不會是獨一無二的，時代已經變了，一定會有更多『方法論』的著作出現。」

「事實上……」沃登晃了一晃酒杯道：「雖然恭維來恭維去的，但不瞞您說，我並不是很了解『方法論』這個詞的意思。」

培根微笑回道：「討論這些內容令我精神愉悅，特別在對手是富有智慧的好友之時，所以請允許我簡單為您介紹。」

「請。」沃登比了一個手勢。

「所謂『方法論』，是指獲得知識、發現真理的方法或原則。在古代，由於思想封閉，研究沒有分工，知識進展緩慢。真知灼見只能出於某些個人天才的思想。這個時候其實是沒有方法論可言的。由於天才難得出現又無法預料，所以剩下的人所做的事情，就是崇拜跟註解天才的作品。」

「的確如此。」

「但身為一個現代科學研究者，必須說那個時代已經過去了。哥白尼與伽利略最重要的意義，不在於他們本身是一個偉大的心靈，而在於他們指出再偉大的心靈，比如說亞里斯多德，也會因其所知有限而犯錯。」

「這倒是常聽見的議題，連我這非學術的人都曾經聽過。」

「傳統哲學死守著崇拜天才的錯誤，為過去的錯到處找藉口，還名之為『研究』。殊不知不願承認錯誤，才是真理最大的敵人。」

「說的真好！」

「然而，智慧不能只停留在消極批評。確實有某物指出了過去的錯誤，取代了過去的權威。這個取代哲人天才的新老師，就是我們眼所看，耳所聽，手所觸所收集到的各種資訊，也就是我們對世界的『觀察』。」

「對世界的『觀察』？」

「是的。除了觀察既存的事物，我們也可以主動組合物件，建置某些條件，用實驗去觀察。知識的來源是經過精密測量，累積了大量例子的實驗與觀察，實驗與觀察可以有系統地產生出知識。新時代求知的方法是從各種觀察與實驗中歸納出自然界的規律與法則。這種從實驗觀察中尋找規律的方法，我稱為『歸納法』，我所寫的方法論就是對歸納法細節的闡述。」

「原來是從觀察與實驗中去尋找。」

培根喝了一大口酒道：「是的，我有自信，只要有六倍於老普林尼那本《自然史》的著作，我就能從當中整理出所有重要的自然規律。實驗與觀察不只負責知識的來源，還是判定爭議對錯的標準。」

「這又是什麼意思呢？」

「當發現任何衝突的爭議點，兩種理論僵持不下時，想辦法觀察實驗來判定就好了，用不著詮釋亞里斯多德或柏拉圖。甚至，如果亞里斯多德或柏拉圖的論點，和觀察與實驗有所衝突時，那錯的一定是人，而不是觀察與實驗。」

聽完這段話，沃登陷入一小段的沉思，接著他回道：「沒想到一個簡單思考方式的轉變，居然有這麼大的差異。」

培根笑著回道：「是的。新時代是一個知識的探險時代，人只要迎著歸納法的風出航，就能探知自然世界的奧秘。或許，或許再加上一點能避免偏見的精神素養，就更好了。」

「精神素養？」

「是的。除了觀察與實驗，得到知識並沒有固定不移的方法。然而，即使如此，在了解世界的過程中，還是可能被固有偏見影響。我把常出現的偏見分為四類，稱之為四偶像。要朝見智慧女神，必須去除掉四個迷惑人心的偶像。」

「可以簡單說給我聽嗎？」

「當然可以。第一個是種族偶像，這是從人類種族而來的偏見，比方說人天生易受情緒影響，對某人有恐懼感，便覺得他面目猙獰，口出惡言。希望某件事發生，便覺得處處有徵兆。偏見會影響觀察，所以要格外注意。」

「也包括喝了酒之後便容易相信人話嗎？」沃登擺出敬酒的姿勢。

「您的例子好極了。第二個是洞穴偶像。洞穴偶像指的是個人思考習慣造成的偏見。不知道自己的極限，粗心大意，過分驕傲，誇大自身經驗，洞穴偶像就是對自身經驗的自誇。」

「這倒讓我想到朝中不少人，如果都能謙遜如您就好了。」

培根沒有注意到恭維，繼續說道：「第三個是市場偶像，這是由語言與社會產生的偏見，人類社會的溝通傳播都依賴語言，但語言也很容易養成人云亦云，聽信謠言的壞習慣。甚至，語言本身也會滲入刻板印象，例如一想到『蠻族』就想到未開化的人，但並非某個文化圈以外的人都是未開化的人。」

「謠言止於智者，的確。」

「最後一個劇場偶像，是指當過分崇拜某種理論或學說，會以為該論點完美無缺，所有的批評都是誤解。不願認錯的亞里斯多德主義者就是最好的例子。理論一方面讓我們認識世界，一方面也讓我們容易因過分信賴而產生偏見，新學者不能不警惕。」

「這四點都相當清楚。」

「能避免開這四偶像，又耐心使用歸納法收集事實，有系統地解釋，再愚蠢的人，也能因誠實而得到『經驗知識』。經驗知識是未來的知識，是改變世界的力量，知識就是力量。我建議國家建立專門的機構，培養生產知識的學者，這將是國家最大的財富。」

沃登用手指敲著桌緣，敲出一個雀躍的節奏。他邊敲邊道：「這聽起來太棒了！我想英明的新國王一定會對您的計畫感到興趣。或許這是一個絕佳的機會，能用推動新科學的名義，讓您重新回到朝中。」他用鼓勵的眼神看著老朋友炯炯有神的雙眼，直覺地認為老友胸中還有政治的火焰在燃燒。

不過這次是他的誤判了，培根眼中燃燒的，不是政治而是追求真理的火焰。

培根回道：「不了，老友，已經來不及了。不是回朝中太晚，而是在追求真理的這條路上，我已經耽擱太久了。我只願待在這裡，繼續完成著作。我願向您以及朝中提出諫言，願天佑英格蘭。但我萬萬不可再耽擱《新工具》的寫作時間，在這本書之後，我還有更多事情要做。時代將會不同，新知識的力量，將會永世不朽，帶人類走向全新的天地。」

培根在這段談話中流露出的真誠神情，讓他的老友確定，他已經獻身於真理世界。他的憔悴並非出於失意，而是過於努力的工作所致。兩人在愉快的討論中渡過了晚宴。

幾天後培根在冰雪中進行實驗而染病，一病不起的他，死於隔年的四月九日，享年六十五歲。他所不斷鼓吹的自然科學與經驗主義，在他身後有越來越多的支持者投入，最終永遠地改變了這個世界。

Cibala
老師碎碎念

不管是主修人文或是理工的人，通常都會聽過提倡「歸納法」的法蘭西斯・培根（Francis Bacon, 1561.1.22—1626.4.9）。培根的格言：「知識就是力量」也是家喻戶曉的名言。培根是一個極富現代科學精神的哲學家，他站在自然科學知識大爆炸的起頭，如先知般清楚地看見未來。

培根的一生多半在當官，最高當到英王的掌璽者。他一直要到晚年，因貪汙事件被貶了之後，才全力投入哲學與科學的研究。這一篇就是環繞著這個主題誕生的。培根本身富有注重觀察實驗的科學精神，然而他也同時有非常好的哲學頭腦，因而能對當時的思想提出深刻的批判。

本故事介紹培根對歸納法的倡導，以及他批評四種偶像的學說。也從這時候開始，西方哲學進入了崇尚理性、追求知識的新時代。這巨輪正如前一課的布魯諾所言開始前進轉動，一直到今天都沒有停止。

哲學很有事，你也來試試

☆培根提到的「方法論」是什麼意思？

☆培根認為，新時代中能帶給我們真正知識的是什麼？

☆培根提到一種從實驗與觀察中尋找規律的方法，叫什麼？

☆什麼是培根所謂「種族偶像」？

☆什麼是培根所謂「洞穴偶像」？

☆什麼是培根所謂「市場偶像」？

☆什麼是培根所謂「劇場偶像」？

☆培根說真理最大的敵人是不承認錯誤，你認為呢？

☆培根帶領西方走進科學知識的時代，走進一個有著舒適健康科技的現代生活，你覺得這樣有沒有什麼缺點呢？

生老病死間的大哉問　黃珮華　著

在生老病死不同階段，生醫倫理學怎麼看待？本書以宏觀的視野來關注生命、醫療、基因工程、哲學、倫理學、社會公義、人類未來發展等議題，是極佳的生醫倫理入門書。

烏龍邏輯？　劉福增　著

國際知名邏輯學家丘崎教授應殷海光教授之邀，到臺灣進行學術交流。研討會結束後，一邊欣賞寶島風光、一邊談著范恩圖解、選言三段論法……基本邏輯的趣味就在笑談中——展現，發現，原來邏輯就在你我身邊！

人心難測——心與認知的哲學問題　彭孟堯　著；陳澤新　繪

身處現代社會，我們夢想創造出會思考的機器人，更夢想著有一天機器人能夠更像人：除了思考，還有喜怒哀樂。人類真能辦到嗎？本書以哲學家對這些問題的討論做了整理，讓讀者對人類價值作深切反思，亦是開拓視野的閱讀經驗。